U0129335

科舉考試

著名狀元榜眼探花傳略

廖忠俊 著

文史哲學集成

文史哲出版社印行

國家圖書館出版品預行編目資料

科舉考試：著名狀元榜眼探花傳略 / 廖忠俊著.
-- 初版 -- 臺北市：文史哲出版社, 民 111.09
　　頁；　公分 --（文史哲學集成；745）
　　ISBN 978-986-314-619-3（平裝）

1.CST：科舉 2.CST：傳記 3.CST：中國

782.29　　　　　　　　　　　111015772

文史哲學集成 745

科　舉　考　試
著名狀元榜眼探花傳略

著　　者：廖　　　　忠　　　　俊
出 版 者：文　史　哲　出　版　社
　　　　　http://www.lapen.com.tw
　　　　　e-mail：lapen@ms74.hinet.net
登記證字號：行政院新聞局版臺業字五三三七號
發 行 人：彭　　　正　　　雄
發 行 所：文　史　哲　出　版　社
印 刷 者：文　史　哲　出　版　社
　　　　　臺北市羅斯福路一段七十二巷四號
　　　　　郵政劃撥帳號：一六一八○一七五
　　　　　電話886-2-23511028 · 傳真886-2-23965656

定價新臺幣二八○元

二〇二二年（民 111）九月初版

推薦序

　　當年我剛自台大歷史系研究所畢業，承蒙恩師杜維運教授提攜，到東吳大學歷史學系合開執教「中國史學史」課程。

　　忠俊是我在大學執教過的第一年學生，印象非常深刻；隔年我就前往美國哈佛大學留學深造。

　　他大學念的就是歷史本科，研究所則攻讀政治；所以著作此書《科舉考試著名狀元榜眼探花傳略》，對書內著名傳主的生平歷史暨其功名政治，寫來得心應手，完美合乎專長興趣。

　　頃悉即將付印出版，請我寫序推薦。我極讚賞他長期多年在大學兢兢業業教學之餘，又辛勤於研究而樂於為之序介。

現任中央研究院院士兼副院長
曾任中研院院士兼歷史語言研究所所長

自 序

　　三年前，因在大學執教授課演講「中華科舉制度文化」，乃得機緣閱悉《宋史・列傳》，〈呂蒙正傳〉記載：「呂蒙正，〔北宋太宗〕太平興國二年擢進士第一〔狀元〕……三入相；（年老）表請歸洛，有園亭花木，日與親舊宴會，子孫環列，怡然自得。」感受一幅老年功成名就，歸鄉含飴弄孫，福壽臨門之家居幸福美滿圖畫，呈現眼前令人感動欽羨。因課程而又閱悉王維，王拱辰，文天祥，畢沅，王杰，王鳴盛，馮桂芬，趙翼，王引之（經歷吏、戶、禮、兵、刑、工六部侍郎、尚書，履歷完整罕見），張之洞等科舉考試史上著名狀元榜眼探花的功名事蹟傳記，而引起筆者極大興趣並立意決心編著此書。

　　筆者在撰述本書時，也特別穿插（如頁 23 王維，頁 37-38 呂蒙正，頁 51 王拱辰，頁 91 楊慎，頁 121-122 畢沅，頁 154-155 戴名世）等軼聞佳話、有趣故事，以擴展活潑生動，增添閱讀興趣。

　　感謝好友賴教授福順的指教，修潤初稿並惠示卓見提議，受惠良多，恩情永記，不敢或忘。

　　又蒙恩師黃教授進興的惠賜推薦序文鼓勵，增添無限光彩，隆誼盛情，感恩不盡。

　　筆者才疏學淺，編著此書或有疏漏不足之處，祈請方家學者，博雅君子，賜予教正為禱。

廖忠俊謹誌於中秋團圓佳節

2022.09.09

科　舉　考　試

著名狀元榜眼探花傳略

目　次

第一章　緒　論

　　科舉始於隋代，就狹義科舉定義，單以進士科舉士，即是從隋煬帝大業年間開始。

　　唐代杜佑引用《周禮‧禮記》〈王制〉篇：

> 大樂正論造士之秀者，以告於王，而升諸司馬，曰進士。司馬辨論進士之賢者以告於王，而定其論，論定然後官之，任官然後爵之，位定然後祿之。[1]

　　又，《通典》卷十四，〈選舉二‧歷代制〉：煬帝始建進士科。

　　五代王定保《唐摭言》卷一：

> 進士始於隋大業中，盛於〔唐〕貞觀永徽之際，縉紳雖位極人臣，不由進士者，終不為美……進士，隋大業中所置也，如侯君素、孫伏伽，皆隋

1　《通典》，卷十三，〈選舉一‧歷代制〉。

之進士也明矣。

宋代馬端臨《文獻通考》卷二十八，〈選舉考一‧舉士〉：「煬帝始建進士科」。[2]

「科舉學」專家學者劉海峰在 1996 年，《科舉考試的教育視角》一書中，提山科舉進士科應始於隋人業元年（605）；高明士教授於 1999 年，《隋唐貢舉制度》一書中，也認為「進士科之建制，自以大業元年為是」。南宋朱熹所編《通鑑綱目》則繫年於大業二年（606），後代有不少學者採用。當代范文瀾在其《中國通史》（簡編），認為隋煬帝在大業三年（607），定十科取士，其中「文才秀美」一科，乃進士科；亦即，為科舉（進士科）制度的開始。

可見，到底是在隋大業元年或二年或三年，各家看法持論稍略不同；因此，劉海峰同意許椿生在〈關於科舉制度產生的時間〉期刊上論述，講到科舉制的起源時間點，乃以「煬帝始建進士科」，是比較審慎的說法。[3]

名家何忠禮在《科舉與宋代社會》書中，也依據杜

2 鄧嗣禹，〈中國科舉制度起源考〉，《史學年報》二卷一期，23 年9 月；黃培、陶晉生，《鄧嗣禹先生學術論文選集》，頁 103，〈中國科舉制度起源考〉。

3 許椿生，〈關於科舉制度產生的時間〉，《華東師範大學學報》，1987 年第 3 期；劉海峰，《科舉學導論》，第四章，〈科舉起源論‧隋煬帝創建科舉說〉。

佑《通典》、王定保《唐摭言》、馬端臨《文獻通考》及范文瀾《中國通史簡編》等著作載述，亦同意「隋代首創科舉進士科」的理由。[4]

從此有科舉制度之後，開科時間最長久，朝廷及士子最重視而影響最深遠重大的，就是進士科。

「科舉」一詞，其要素在「科」與「舉」兩字，有廣義與狹義之分別，廣義之科舉指分科舉人、設科舉人、按科舉人、就科舉人、以科舉人，即就按分設科目以貢舉人才[5]，選拔任用（考選銓敘）之意。

唐朝科舉考試分三級制：一級是鄉貢，科考及格者稱「舉人」，第二級由禮部主持，時間在春季（禮試、春闈）；武則天曾在載初元年、武周天授元年（690），偶一為之「策問貢人（貢士）於洛陽殿」（唐・杜佑《通典》卷十五，〈選舉三・歷代制〉），但這是在特殊情況下舉辦，還不能算是後來真實意義上的科舉制度「殿試」；亦即，殿試在唐代還未形成制度。

北宋太祖開寶六年（973），趙匡胤親自在殿上主持對省試合格舉人的科考復試，從此確立了科舉「殿試」制度，形成為州試、省試（禮部主持）、殿試的三級科考制度。殿試及第之進士，即為「天子門生」；趙匡胤在「杯酒釋兵權」之後，實施「重文輕武」政策，重用文臣，在皇上親掌兵權之外，又收歸士子文官大權，加強鞏固

---

4 何忠禮，《科舉與宋代社會》，頁 15。
5 劉海峰，《科舉學導論》，第四章，〈科舉起源論・科舉釋義〉。

君主專制，強勢中央集權。

北宋太宗趙光（匡）義於太平興國八年（983），將殿試及格進士最優者分為三甲，即殿試分甲自北宋太宗開始。

太宗也創立科考「糊名」、「彌封」、「鎖院」（鎖宿於試院闈場）制；至真宗時，又實施「謄錄」制等嚴密良好制度，加大防止士人暨主考官的徇私請託，認字舞弊情事。

歐陽修就贊同讚美：「糊名、謄錄而考之，使主司莫知為何方之人，誰人之子，不得有愛憎薄厚於其間，其至公如權衡」。（《歐陽文忠公文集》第116卷）

宋真宗為激勵士子寒窗勤讀，一朝成名，「朝為田舍郎，暮登天子堂」而寫下一首流傳千年的〈勸學詩〉：「書中自有千斤粟，書中自有黃金屋，書中自有顏如玉，書中車馬多如簇，男兒欲遂平生志，六經勤向窗前讀」。

宋人洪邁名著《容齋隨筆》也流傳與科考有關的〈得意詩〉四句：「久旱逢甘霖，他鄉見故知，洞房花燭夜，金榜題名時」。

《宋稗類鈔·科名》更載述狀元及第盛況榮耀：

> 太宗臨軒放榜，狀元登第著，不十餘年皆望柄用；每殿廷臚傳第一，則公卿以下，無不聳觀，雖至尊亦注視焉；自崇政殿出東華門，傳呼甚寵；觀者擁塞通衢，人肩摩不可過，角逐爭先，至有登

屋而下瞰者；庶士傾羨，歡動都邑。洛陽人尹洙
嘗曰：「狀元登第，雖將兵數十萬，逐強蕃於窮
漠，凱歌勞還，獻捷太廟，其榮亦不可及也。」

　　明代的科舉考試分郡試、鄉試、會試、殿試。郡試
在府、州、縣科考俊秀諸生，中式者稱「秀才」；鄉試是
將郡試考選諸生，試之於省會，中式者稱「舉人」，舉人
第一名「解元」；再將各省考取舉人，試之於京師禮部，
中式者稱「貢士」，其中第一名為「會元」；會試後，由
天子親自主持的策對稱殿試；因考場在奉天殿或文華殿
而得名；又因由皇帝親策於廷，故又稱御試或廷試；取
中者稱「進士」，且分一、二、三甲：第一甲止（只）三
人，第一名稱「狀元」，第二名「榜眼」，第三名「探
花」；狀元授修撰，榜眼、探花授編修。
　　《明史》〈選舉志二〉：

　　三年大比，以諸生試之直省，曰鄉試，中式者為
　　舉人。次年，以舉人試之京師，曰會試。中式者，
　　天子親策於廷，曰廷試，亦曰殿試，分一、二、
　　三甲以為名第之次。一甲止三人，曰狀元、榜眼、
　　探花，賜進士及第。二甲若干人，賜進士出身。
　　三甲若干人，賜同進士出身。狀元、榜眼、探花
　　之名，制所定也。而士大夫又通以鄉試第一為解
　　元，會試第一為會元。

　　狀元、榜眼、探花合稱「三鼎甲」，如鼎有三足而得名，他們榜上領頭而撐起科舉考試這一舉才大鼎。

　　金榜題名「狀元」者，享有「獨占鰲頭」、「大魁天下」之尊榮稱譽，庶士羨慕崇仰。於是出現了「狀元餅」、「狀元紅」（荔枝、果酒品牌）、狀元扇（狀元在扇面作畫題字，簽名送人之紙扇）等討喜吉祥名稱。

　　清代科舉考試大致沿襲明代，但到明末、清初，物極必反，逐漸產生弊病：一者有感於明初朱元璋洪武三年（1370）之後，認定科舉以制式呆板之八股文取士的陳腔濫調所致，早已成殘害天下人才而空洞無用；二者，清中、晚期歷經鴉片戰爭、英法聯軍、八國聯軍及甲午戰爭之外來「船堅砲利」的逼迫刺激，有志之士乃提出變法維新，廢科舉，廣學校，實行新式教育，選拔人才。

　　明末清初，顧炎武（亭林）於其《日知錄》卷十六，痛斥八股文取士之殘害、無用：

> 愚以為八股之害等於焚書，而敗壞人材，有甚於咸陽之郊，所坑者但四百六十餘人也……此〔八股取士〕法不變，則人才日至於消耗，學術日至於荒陋，而五帝三王以來之天下，將不知其所終矣。

　　清初著名士人醫藥家徐大椿（字靈胎，江蘇吳江人，1693-1771），更大聲疾呼批判八股文取士：

讀書人，最不齊，爛時文，爛如泥，國家本為求
才計，誰知變作欺人技，承題、破題，便道是聖
門高弟。可知道「三通」、「四史」，是何等文章？
漢祖、唐宗，是哪一朝皇帝？辜負光陰，就教他
騙得高官，也算是百姓朝廷的晦氣。[6]

到了光緒廿一年（1895），簽訂〈馬關條約〉，康有
為與梁啟超策動到北京參加會試之舉人一千三百餘位，
聯名上書清廷（即所謂「公車上書」），要求變法維新。
二十四年（1898），光緒帝下詔「戊戌變法」，但被慈禧
太后等后黨保守派人士，發動政變，盡罷新政改革詔
令：廢除八股文，籌辦京師大學堂，引進新式西學教育
等。

光緒三十年（1904），以慈禧七旬萬壽，特地舉行科
舉史上的最後一次考試（一甲三人分別是狀元劉春霖、
榜眼朱汝珍、探花商衍鎏）。

光緒三十一年（1905）八月，終究諭令：立停科舉，
以廣學校新式教育。同年稍早，由直隸總督袁世凱、兩
湖總督張之洞、盛京將軍趙爾巽、兩廣總督岑春萱、湖
南巡撫端方等舉足輕重的南北封疆大吏，聯名會銜上奏
立停科舉考試：

---

6 轉引自，王道成，《科舉史話》，頁 135。

科舉之弊，阻礙學堂，妨誤人才，臣世凱、臣之洞等奏陳：默觀大局，熟察時趨，欲補救時艱，必自推廣學校，必先停科舉始；擬請停罷科舉，廣學育才，內定國勢，外服強鄰，轉危為安。疏入，奉上諭：袁世凱等奏請立停科舉，以廣學校一摺，所陳不為無見。著即所有鄉會試一律停止，各省歲科考試，亦即停止。[7]

此諭令一下，科舉考試制度自隋唐以來，行之約一千三百年，終於清光緒三十一年，停止而廢除。

「狀元」是進士科考的「第一甲第一名」，狀指「投狀」（類似今之報名），元乃居首，獨占鰲頭第一之意。科考第一名狀頭〔狀元〕是唐高祖李淵武德五年（622）的孫伏伽；科考最後一位狀元是清光緒三十年（1904）的劉春霖。

科舉一千三百年考試史上，歷代「連中三元及第」者，據統計約僅有十三位，[8]略去其中較不出名的（遼）王棠、（金）孟宗獻、（元）王宗哲，本書傳略其中著名的（唐）張又新，（宋）孫何、王曾、宋庠、楊寘、馮京（宋代連中三元者最多），（明）黃觀、商輅，（清）錢

---

7 光緒政要卷三十一年，《光緒東華續錄》卷一九五。

8 趙翼，《陔餘叢考》，頁 563-564；鄒紹志、桂勝，《中國狀元趣話》，頁 245；侯福興，《中國歷代狀元傳略》，頁 429-430；王鴻鵬、王凱賢、肖佐剛、張蔭棠，《中國歷代文狀元》，頁 550。

棨、陳繼昌等十位。

「榜眼」是朝廷殿試「第一甲第二名」,「榜」指張貼曉示所列取士次第的金(黃)榜;眼指「畫龍(頭)點(眼)睛」,第一名為狀頭(狀元),榜眼就成為第一甲第二名的稱謂。

「探花」源自同榜進士「探花郎」,皇上在杏花園「瓊林苑」宴席的隆重慶典前,由探花郎遍遊京師名園,採摘鮮花回來,迎接「第一甲第一名」的狀元,後來就演變為專指第一甲第三名的稱名。

依據上述《明史》〈選舉志二〉:「狀元、榜眼、探花之名,制所定也」。亦即,到了明代,才成為官方朝廷上正式定制對「一甲止三人」的稱謂。

至於本書書名「著名」的主旨涵義,大約有:

一、誠如大書畫家蘇東坡品賞讚歎「書中有畫,畫中有詩」的王維;千百年來,書法學子觀賞臨摩「柳體」的柳公權;與姪呂夷簡前、後居相職顯位的呂蒙正;陳堯叟、堯咨兄弟兩狀元;「連中三元」的宋庠;寫下垂名歷史文句:「人生自古誰無死,留取丹心照汗青」及「哲人日已遠,典型在夙昔」的文天祥;主編(北宋)《太平御覽》、《太平廣記》、《文苑英華》的李昉;及「軍中有一韓,西賊(西夏)聞之寒」的韓琦;曾祖父文徵明、弟文震亨的文震孟狀元;「昆山三徐」的徐乾學、徐元文、徐秉義「三鼎甲」(探花、狀元、探花)三兄弟;編纂《續資治通鑑》的畢沅;(堂兄)張之萬狀元暨(堂弟)

張之洞探花；光緒帝師翁同龢；科舉考試史上唯一「大使」狀元洪鈞；近現代實業暨教育先驅張謇狀元；《明史》主纂者之一的王鴻緒榜眼；《十七史商榷》作者王鳴盛榜眼；《廿二史箚記》、《簷曝雜記》作者趙翼（原為狀元，清乾隆帝易置探花）；《讀書雜志》作者王念孫之子，王引之探花；提倡「中學為體，西學為用」的張之洞探花等；要皆為「著名」狀元、榜眼、探花。

　　二、科舉考試自隋煬帝大業年間至清德宗光緒三十一年（1905）廢止，在一千三百年內，大約「連中三元」者有十三位，去除較不著名的遼、金、元各一位，本書傳略其餘較著名的十位，已如前述；因如以時間平均計算，一百年才出現一名，他們當然顯「著」留「名」於科舉史上，尤其是與弟弟（《新唐書》主纂者宋祁）同年及第進士的宋庠狀元。

　　三、修讀學習「歷史」的主要價值目的在「資治通鑑，鑑往知來」；以科舉史上較為悠久遠大的唐、宋、明、清狀元榜眼探花而言，吾人宜「擇其善者而從之，其不善者而改之」。

　　如此，就唐代言，吾人要學王維「與弟（王）縉俱俊才博學友悌」，要學柳公權的「心正則筆正」；不要學張又新的「性傾邪，以諂附敗，喪其家聲」，不要學李逢吉「性忌險譎多端，陰結近倖」。

　　以宋代論，要學呂蒙正的「質厚寬簡有重望，以正道自持，三入相，歸洛，怡然自得」；要學王拱辰的「老

成望重」；學文天祥的「忠肝志節，仁至義盡」；絕不可學秦熺（榜眼）之父，秦塤（探花）之祖秦檜進士的「專主和議」沮止恢復〔失土〕，植私專權，誤國；得志，謀害賢士，挾金人自重；黜責胡銓、韓世忠、岳飛；岳飛克鄆城，幾獲〔金〕兀术，張浚、韓世忠皆奏捷，而檜力主班師〔回朝〕，盡收諸將兵權；興岳飛之獄，殺岳飛賜死，子岳雲殺於都市，天下冤之，聞者流涕；檜粉飾彌文，苟安餘杭，擅政，蔽上耳目，中傷善類；包藏禍心，忘仇復國，忠臣良將，誅鋤略盡；久任相位，擢用附己；開門受賂，富敵於國，外國珍寶，死猶及門；陰險叵測，陷忠良，喜諛佞；〔南宋寧宗〕開禧二年，追奪王權，改諡「謬醜」。（以上，引自《宋史·列傳》，姦臣三，秦檜傳）。秦檜「植私專權擅政，蔽上耳目」，而帝（高宗）「不可蔽欺」全然，以致於秦熺（子）進士原為第一（狀元）因父秦檜關說，而帝忌之，抑為第二榜眼；孫秦塤，亦因祖秦檜大力關說安排，原置第一狀元，「帝於是擢（張）孝祥為第一，降塤第三。」秦檜遺羞後世，後代對秦熺、秦塤，大多言其「生平事迹不詳」。

　　至明代言，吾人要學「連中三元」的商輅狀元「為人平粹簡重，寬厚有容，宜天報之厚」，不要學胡廣狀元親家解縉進士「好臧否，無顧忌，無人臣禮，〔得罪皇上廷臣〕，遭錦衣衛醉酒，埋積雪中，立死。」

　　及清代論，要學畢沅「愛才下士」，學王杰「和靄近情，持守剛正，直通一身立廊廟，清風兩袖返韓城」，學

趙翼「以著述自娛，尤邃史學」，學張之洞「清流，變通，蒞官所至，必有興作，愛才好客，名流文士爭趨之」；似不必學陸潤庠「遇（國）變憂鬱，內結於胸，及病篤，竟日危坐，瞑目不言，亦不食，數日而逝。」

　　以上概述舉例書名「著名」旨義，諸如此類，大抵若是，伏請專家學者，仁人君子有以教誨指正，為禱，是幸。

第二章　唐代著名狀元探花

一、孫伏伽狀元

孫伏伽，隋貝州武城（屬今河北）人。

他在隋煬帝大業末年，由小吏升遷萬年縣（今西安）法曹；隋亡後，歸順入唐，向唐高祖李淵上書奏言三事：一、宜鼓勵諍臣廣開言路事君；二、廢除非正聲之百戲散樂；三、請為皇太子及諸王慎擇賢才僚友。

高祖閱奏大悅，授其「治書侍御史」兼賜帛三百匹。

太宗李世民登基即位，賜爵，轉大理少卿；上疏諫止遊獵騎射，皇帝覽之大悅，采納。

貞觀五年，升為刑部郎中；貞觀十四年，官拜大理卿，後又任陝州刺史。

唐高宗李治永徽五年，因年老辭官；顯慶三年（658），病卒。

孫伏伽為人處事誠懇忠直，敢於諒切諍言上諫。

據《玉芝堂談薈》記載，他在唐高祖武德五年（622），成為中國科舉考試史上有據可查的第一位狀頭（後代稱狀元）；正史的新、舊《唐書》俱有〈列傳〉記載他的生

平。

　　茲（因出刊經費預算有限），僅節要摘錄《舊唐書》〈孫伏伽列傳〉如下：

> 孫伏伽，貝州武城人。大業末，補萬年縣法曹。武德元年，以三事上諫。其一曰：臣聞天子有諍臣，事君，猶子之事父。隋後主〔煬帝〕所以失天下，止為不聞其過，君不授諫，臣不敢告之也。陛下龍舉晉陽，天下響應，計不旋踵，大位遂隆，勿以唐得天下之易，不知隋失之不難也。其二曰：百戲散樂，本非正聲，隋末淫風，不可不改。書云：無以小惡為無傷而弗去。請廢〔百戲散樂〕。其三曰：願陛下妙選賢才，以為皇太子及諸王左右僚友，盤石永固。高祖覽之大悅，下詔：萬年縣法曹孫伏伽，至誠懇切，可治書御史，兼賜帛三百匹。又上表請置諫官，高祖皆納焉。太宗即位，賜爵，轉大理少卿。太宗嘗馬射，伏伽上書諫曰：天下之主，不可履險乘危；太宗覽之大悅。五年，為刑部郎中，遷轉戶部侍郎。十四年，拜大理卿，後出為陝州刺史。永徽五年，以年老致仕。顯慶三年卒。

二、王　維狀元

　　王維（701-761），字摩詰，原籍山西太原祁縣人，因父親當官汾州司馬，全家遷居汾州不遠的蒲州（今山西南部永濟縣，位在黃河東岸，故又稱河東王氏），此地東倚太行山，西臨黃河，南近潼關，北有龍門急湍、壺口瀑布，山水秀麗，景色絕美，適宜登臨遠眺。

　　王維從小聰穎過人，九歲能詩詞，懂音律，擅彈琵琶，因母氏影響而受佛教熏陶。

　　小時候，與兄弟在廳堂圓柱戲耍，書塾老師隨吟：「**手圍庭柱團團轉**」，王維即口應對：「**腳踏樓梯步步高**」；老師讚嘆：「**先生難不倒學生**」，王維又接對：「**老子追不上小子**」；乃向王父誇口：「公子有詩文異才，未來必成大器」。[1]

　　王維因以詩文出名及琵琶音律見長，幸運地結交當時皇家岐王李（隆）範，他是睿宗李旦第四子，三兄李隆基即後來承父皇位的玄宗，為避諱「隆」字，而改單名範。

　　王維透過岐王青睞，以彈奏琵琶與獻上詩文，博取有影響力的公主應允推介京兆府科考而贏得第一名的「解頭」（即後代解元）。

---

1 王剛，彥平，《歷代文武狀元》，頁 6。

　　玄宗開元九年（721），王維又考取進士科第一名「狀頭」（後代通稱狀元）。

　　開元二十二年，因宰相張九齡欣賞提拔授任「右拾遺」，後遷任殿中「侍御史」。

　　唐肅宗上元元年（760），官終「尚書右丞」，故世稱「王右丞」。

　　王維與弟王縉感情濃厚，兄弟情深；六十歲時，弟弟在四川擔任蜀州刺史，王維因年老多病，上書〈責躬薦弟表〉給皇帝，請求皇上「明主仁恩」遷調親弟回到京師陪伴，表明自己三十歲喪妻後，不曾再娶，又無子，孤居空寂而與弟長期相依為命。

　　皇上深受手足之情感動，把王縉調回京師。

　　可惜為時不久，王維身心每況愈下，剛巧在弟弟因公前往鳳翔時，參禪信佛的王維有所預感，索取紙筆向最親摯的弟弟寫訣別信，也寫了幾封給生平知己，勸請知心好友日夜奉佛誦經清心。

　　唐代宗時，王縉升相位，皇上召見說：「令兄詩文冠絕當代，卿宜整理進獻」；於是，王縉著手搜羅編輯兄長王維一生詩文呈上皇帝，此即著名的《王右丞集》。

　　王維生前在陝西藍田購得詩人宋之問的別墅，營造為「輞川別園」，常與清妙深趣的裴迪等文人詩友於此吟詠終日，聚會流連，畫寫許多山水畫與田園詩；他因參禪信佛，世人稱頌「詩佛」；他又認識禪宗南派創始人慧能嫡傳弟子神會，其山水畫世稱「南宗畫派祖師」；他的

詩與畫相資運用，能在詩句情境中呈現繪畫，顯明畫趣；又能在繪畫風景中，體悟詩境寄託詩情；詩畫相會，水乳交融。

　　所以，後代宋朝的大詩詞書畫家蘇軾（東坡）品味觀賞大為讚美：「味摩詰之詩，詩中有畫；觀摩詰之畫，畫中有詩」。

　　《新唐書》、《舊唐書》都有〈王維列傳〉，謹節錄摘要對照上文：

　　　王維，字摩詰，太原祁人。父終汾州司馬，徙家於蒲，遂為河東人。維開元九年進士擢第。與弟縉俱俊才，博學友悌。（張九齡執政），擢「右拾遺」，歷監察御史，拜吏部郎中。〔安〕祿山陷兩都，玄宗出幸（西狩），維扈從不及，為賊所得，迫以偽署（官）。賊平，弟縉請削己刑部侍郎以贖兄罪，肅宗特宥之；遷中書舍人，轉尚書右丞。維以詩名，尤長五言詩；書畫造化創意，絕迹天機。維弟兄俱奉佛，晚年長齋，得宋之問藍田別墅，與道友裴迪彈琴賦詩，嘯詠終日。退朝之後，以禪誦為事。妻亡不再娶，三十年孤居一室。臨終，以縉在鳳翔，忽索筆作別縉書；又與平生親故作別書，多屬朋友奉佛修心，捨筆而絕。代宗時縉為宰相，謂曰：卿之伯氏詩名冠代，可進呈；縉上之，帝優詔褒賞。

　　王維以詩名冠絕當代，亦傳諸後世，茲摘錄其擅長著名五言詩及七言絕句如下，以饗讀者：

　　〈九月九日憶山東兄弟〉：獨在異鄉為異客，每逢佳節倍思親，遙知兄弟登高處，徧插茱萸少一人。

　　〈山中送別〉：山中相送罷，日暮掩柴扉，春草明年綠，王孫歸不歸？

　　〈山居秋暝〉：空山新雨後，天氣晚來秋，明月松間照，清泉石上流。

　　〈竹里館〉：獨坐幽篁裏，彈琴復長嘯，深林人不知，明月來相照。

　　〈相思〉：紅豆生南國，秋〔春〕來發幾枝，願君多採擷，此物最相思。

　　〈終南別業〉：中歲頗好道，晚家南山陲，興來每獨往，勝事空自知，行到水窮處，坐看雲起時，偶然值林叟，談笑無還期。

　　〈鹿柴〉：空山不見人，但聞人語響，返景入深林，復照青苔上。

　　〈雜詩〉：君自故鄉來，應知故鄉事，來日綺窗前，寒梅著花未？

　　〈送元二使安西〉：渭城朝雨浥輕塵，寒舍青青柳色新，勸君更盡一杯酒，西出陽關無故人。

　　唐人因喜愛這最後一首詩句，而將詩詞譜曲配樂吟唱，稱名〈渭城曲〉或〈陽關曲〉，後又演變多種〈陽關三疊〉歌曲演唱，尤以當代台師大王熙元教授提唱，每

一句皆重復三次，每次反覆都減少兩字，如此唱法即合乎「三疊」，亦且韻味悠遠，連緜美感：

渭城朝雨浥輕塵	朝雨浥輕塵	浥輕塵
寒舍青青柳色新	青青柳色新	柳色新
勸君更盡一杯酒	更盡一杯酒	一杯酒
西出陽關無故人	陽關無故人	無故人[2]

三、柳公權狀元

柳公權（778-865），唐京兆華原（今陝西耀縣）人，唐憲宗元和三年（808）科考進士第一名狀頭（狀元）。

公權自幼聰穎好學，年十二即工於詩賦，及長，又通讀經書。

狀元及第後，初任秘書省校書郎，又拜授右拾遺、翰林院侍讀學士、員外郎。

穆宗即位，垂詢柳公權，精妙書法之道，公權曰：「用筆在心，心正則筆正，筆正即可矣。」

公權又工於詩，有出口成章異才，當官「翰林院書詔學士」時，夏日陪侍文宗於未央宮，文宗口諭：「當與朕詩句聯對」。帝先出上聯：「人皆苦炎熱，朕愛夏日長」，公權當下應聲詩對：「薰風自南來，殿閣生微涼」。文宗

---

2 王維，《王右丞集》；又參閱韓文心，《一代高人王右丞》，〈王右丞集選〉。

驚喜曰：「子建〔曹植〕七步成詩，愛卿僅三步即就」！文宗且諭公權將聯對書題於殿壁，又讚歎曰：「雖鍾〔繇〕、王〔羲之〕再生，無以復加也」。

柳公權因長壽而當官久，歷經唐憲宗、穆宗、敬宗、文宗、武宗、宣宗、懿宗等七朝，敢直言諫議，文宗稱譽讚賞「卿有諍臣風骨」。

後又官授工部侍郎、集賢院學士、累遷太子少師；咸通初年，以太子太保致仕（辭官歸里），卒年八十八歲，得享高壽，賜贈太子太師。

柳公權最為當代及傳諸後世者，是他的書法字體，他初學東晉王羲之，又學同代大師歐陽洵、褚遂良、虞世南、顏真卿等名家書體，時常運筆臨摩諸家字體精萃，博采各家之長，受益良多；加上自己筆法創意，終能自成一家風格。書法行家評譽公權書體「遒勁豐潤，特以正楷結構嚴謹出名」，與顏真卿書法並稱「顏柳」，很受唐文宗皇室及公卿大臣青睞讚賞，視為收藏珍稀墨寶。

柳公權的「柳體」書法字體一直影響後代至今，其族孫柳璟亦及第唐敬宗年間進士科狀元，極受鄉里人士欽羨敬重。

新、舊《唐書》都有〈柳公權列傳〉，記載他的生平，茲摘錄如下，憑實有據。

　　公權，公綽弟也。年十二，工辭賦。天和初，擢進士第。因入奏，穆宗曰：「朕嘗於佛廟見卿筆蹟，

思之久矣。」即拜右拾遺、侍書學士，再遷員外郎。帝問公權筆法，對曰：「心正則筆正，筆正乃可法矣。」公綽嘗書宰相，言家弟本志儒學，乃改右司郎中，弘文館學士。文宗復召侍書，遷中書舍人，充翰林書詔學士。從幸未央宮，帝曰：「朕有一喜，當賀我以詩。」公權應聲成文，無停思，天子甚悅，曰：「子健七步，爾乃三焉。」後轉工部侍郎，進至太子少師，咸通初，〔因年老〕，乃以太子太保致仕。卒，年八十八，贈太子太師。公權博貫經術，其書法結體勁媚，自成一家。文宗嘗召與聯句，帝曰：「人皆苦炎熱，我愛夏日長。」

公權曰：「薰風自南來，殿閣生餘涼。」帝以詞情皆足，命題於殿壁；帝歎曰：鍾、王無以尚也。嘗書京兆西明寺，有鍾、王、歐、虞、褚諸家法，自為得意。

四、張又新狀元

張又新，唐深州（屬今河北）人，曾祖任過員外郎，父親張荐官至工部侍郎，為官宦之家，書香門第。

又新先後科考中第京兆府「解頭」，元和九年進士科「狀頭」，博學鴻詞科「敕頭」，接連三占鰲頭，連中三元及第，號「張三頭」；對唐朝科舉制度記載詳盡的五代

人士王定保，於其名著《唐摭言》卷二載明此事。

張又新在及第後，初任官廣陵（今江蘇揚州）「從事」，歷左、右補闕；他好奉迎諂媚當時宰相李逢吉，以兇險敢為充當逢吉親近鷹犬，凡有求助於李宰相者，必先賄賂又新通關，方能得其所欲。獨有翰林學士李紳（〈憫農〉詩，「鋤禾日當午，汗滴禾下土，誰知盤中飱，粒粒皆辛苦」作者）。不歸附逢吉而為宰相怨憎；遂使又新等鷹犬陰謀排除異己，陷害李紳被外放貶為端州（今廣東肇慶）司馬；又新藉此邀功得勢，把持朝中。

後來，李逢吉因誤事而被罷相，遭貶「山南東道節度使」，表荐又新當「行軍司馬」；未久，又新被貶放為汀州刺史。

及至李逢吉之姪李訓朝中得勢，又新即轉趨附李訓，被召回擔任刑部郎中。及至李訓謀誘殺仇士良，事泄不成，敗死，又新被貶放江州刺史，官終卒於左司郎中任內。

張又新嘗對人云：「我少年得功名，意不欲仕宦，惟能得美妻，平生足矣」。及娶妻楊虞卿（虔州司馬）之女，有德無色，意怏怏；後落難途經淮南，在李紳宴席上，他鄉巧逢一位歌姬故知，乃二十年前艷遇舊識，又新竟即席賦詩：「雲雨分飛二十年，今來頭白重相見」；李紳憐其遭貶落魄，不計較當年誣陷前嫌，臨別送此歌姬祝

白頭偕老，時人私評又新狂色類此。³

　　張又新被評語為唐代狀元中，品性私德最遭受爭議者，《唐書》批判他「以諂附敗，喪其家聲」。

　　又新喜茶飲，擅長品味茶葉與泉水，為著名茶人專家，著有《煎茶水記》一卷九百五十字，留傳於世。

　　《煎茶水記》，署名江州刺史張又新撰；首載刑部侍郎劉伯芻專業稱較水之與茶宜者凡七名：「揚子江南零水〔在鎮江〕第一，無錫惠山泉水第二，蘇州虎丘泉第三，丹陽觀音寺泉水第四，揚州大明寺泉水第五，吳松江水第六，淮水第七」；「斯七水，余嘗俱瓶於舟中，親比之，誠如其說也」。

　　又載湖州刺史李季卿延請陸〔羽〕處士口授「廬山泉水第一，無錫惠山泉第二，蘇州虎丘石泉水第五，揚子江南零水第七，丹陽觀音寺泉水第十一，揚州大明寺泉水第十二」等天下名泉適宜煎茶者品第。

　　故知「天下第一泉」人言各殊，每人品味看法不一，唯「惠山泉」則通稱「天下第二泉」。⁴

　　正史《新唐書》有〈張又新傳〉，節錄摘要如下：

　　　　張又新，工部侍郎〔張〕荐之子，元和中〔九年〕，

³傅璇琮主編，《唐才子傳校箋》，第三冊，頁62；又參閱，許友根，《唐代狀元研究》，頁177。

4 敬請參閱，廖忠俊，《臺灣茶葉史地與人文》，頁82~83，〈精典珍貴茶書摘要概介〉。

及進士高第，歷左、右補闕。性傾邪。李逢吉用事，惡李紳，冀得其罪，求中朝兇果敢言者，厚之，以危紳。又新等為逢吉搏吠所憎。紳貶端州司馬，朝臣過宰相賀，閽〔守門〕者曰：「止，宰相方與〔又新〕補闕語，姑伺之。」及又新出，人皆辟畏之。及逢吉罷〔相〕，領「山南東道節度」，表又新為「行軍司馬」。坐事，貶汀州刺史。李訓有寵，又新復見用，遷刑部郎中，又為申州刺史。訓死，復坐貶，終左司郎中。又新善文辭，〔一〕再以諂附敗，喪其家聲云。

五、李逢吉探花

李逢吉（757-835），屬隴西（今甘肅）人，唐德宗貞元十年（794）進士科第三名（探花），時年三十七歲。

科中進士後，李逢吉入朝任左拾遺、左補闕、員外郎、太子諸王侍讀、中書舍人、禮部知貢舉、朝議大夫等官職。

李逢吉本性奸詐狡滑，妒善害賢；唐憲宗把討伐淮西兵權交給裴度（765-839，貞元進士出身），李逢吉嫉妒生怨，皇帝罷李逢吉，貶出為劍南東川節度使，後為山南東道節度使。

憲宗之子穆宗登基，李逢吉曾任其即位前之太子侍讀，有恩，乃遣人結引倖臣，謀還京師。

穆宗長慶二年（822），召逢吉返為兵部尚書；此時，裴度也從太原有功回朝入京；李逢吉又升任門下侍郎平章事，而更結交朝中奸臣謗毀裴度，必欲逐出朝內而貶出於外；學士李紳正直，得寵，而李逢吉妒賢，穆宗長子敬宗初立，李紳遭謗遠貶極南端州（今廣東）司馬。

李逢吉授用諂媚阿諛官員張又新、李訓等任關說權位，有求助於李逢吉者，必先向張又新等攀結納賂，才可過關行事，得其所欲。

敬宗寶曆初，裴度上書請面見皇上，乃得從外召還，復任參知政事要職。

穆宗二子、敬宗弟，文宗大和八年（834），李逢吉從子（侄兒）李訓出任要職，徵派逢吉為尚書左僕射兼司徒；唯逢吉已年老且腳疾，不便上朝，就以司徒職位退休。

隔年（835）正月，逢吉卒，年七十八歲。

《舊唐書・列傳》與《（新）唐書・列傳》皆記載有〈李逢吉傳〉，今節要摘錄其傳略：

> 李逢吉，系出隴西。擢進士第。拜左拾遺、皇太子侍讀、中書舍人、知禮部貢舉、門下侍郎、同中書門下平章事。逢吉性忌，險譎多端。及得位，務償好惡。裴度討淮西，逢吉慮成功，密圖沮止，憲宗知而惡之，出為劍南東川節度使。穆宗即位，緣講〔皇太子侍讀〕侍恩，陰結近倖。長慶二年，

召入為兵部尚書。帝不省，〔裴〕度遂外遷。逢吉遣從子〔李〕訓賂結鄭注、王守澄為奧援，自是肆志無所憚。有張又新及李訓等八人，而附會者又八人，皆任要劇，故號「八關十六子」；有所求請，先賂關子，後達於逢吉，無不得所欲。敬宗新立，〔裴〕度求入覲，逢吉不自安，止度而不果；天子知度忠，卒相之。逢吉疏為山南東道節度使，表張又新行軍司馬。及〔李〕訓用事，召拜尚書左僕射，足病不能朝，以司徒致仕〔退休〕；卒，年七十八。

第三章　宋代著名狀元榜眼

一、王　溥狀元

王溥（922-982），并州祁（今山西祁縣）人，五代後漢乾佑元年（948）進士科第一名（狀元）。時年二十六歲。

考中進士狀元後，初授秘書郎，擔任樞密使郭威「從事」，遷太常丞。

郭威登基即位稱帝，為後周太祖，繼續追從，歷任左諫議大夫、樞密院直學士、中書舍人、翰林學士、端明殿學士。

後周世宗柴榮即位，又官拜中書侍郎、平章事，因全心盡力輔佐周世宗，又升任禮部尚書、集賢院大學士、參知樞密院事，位同宰相。

宋太祖趙匡胤「黃袍加身」即帝位，取代後周，建立北宋；尊重留用昔日同殿大臣，現已歸順宋朝的王溥為司空兼門下侍郎，免參知樞密院；授一品官位太子太保，旋又升任太子太傅、太子太師；太祖對左右朝臣說：「（王）溥，十年為相，三遷一品（太子太保、太傅、太

師），福履之盛，近世未見其比。」

宋太祖趙（匡）光義接兄帝位，封王溥為祁國公，太平興國七年（982），溥病卒於京畿開封。得年六十一，初諡文獻，後改諡文康。

王溥狀元本性寬厚，相貌風度俊美，時常獎勵提攜晚學後進，舉荐賢才，達致顯位；又好學不倦，勤讀博聞，手不釋卷，續補考訂增編《唐會要》百卷與《五代會要》三十卷，開創後代史學「會要」文體，詳實增補豐富史料，其研究貢獻影響後世廣大深遠。

《宋史》有〈王溥傳〉，節略摘要印證如下：

> 王溥，并州祁人。漢乾佑中舉進士甲科，為秘書郎；後周祖將兵討伐，辟溥為「從事」，歷任左諫議大夫、樞密院直學士，遷中書舍人、翰林學士、端明殿學士。後周世宗〔繼承帝位〕，加兼禮部尚書，監修國史，又命參知樞密院事。宋〔太祖〕初，進位司空，罷參知樞密院，為一品太子太保；又加遷太子太傅、太子太師。太祖顧左右曰：「溥，十年為相，三遷一品，福履之盛，近世未見其比」。〔宋太宗〕太平興國初，封祁國公。七年八月，卒，年六十一，諡文獻。溥性寬厚，美風度，好汲引後進，其所薦至顯位者甚眾。王溥好學，手不釋卷，嘗補集《唐會要》百卷，又采集《五代會要》三十卷。

二、呂蒙正狀元

　　呂蒙正（945-1011），河南洛陽人，北宋太宗太平興國二年（977）進士第一名狀元。

　　祖父官至戶部侍郎，父呂龜圖，起居郎，生母劉氏因父親寵愛小妾，父母失和感情不睦，呂龜圖竟然將妻子與呂蒙正趕出家門。母親帶著兒子流落至洛陽龍門山龍門石窟附近的寺院石洞內居住。

　　小時生活極窮困，有一年春節來臨，一般人家皆在添購年貨，張貼春聯；蒙正母子連年夜飯的白米都無著落，只好自己找來紙筆，寫了一副對聯：上聯是「二三四五」，下聯為「六七八九」，中上橫聯寫「南北」；寓意家裡窮到**缺衣（一）缺食（十），沒有「東西」。**[1]

　　即長，吏部尚書劉氏採「拋繡球」方式選女婿，其女劉蘭英由上往下看到一位男士品貌端正，故意把彩球給身穿貧困衣裳的蒙正，拋棄從小養尊處優的榮華富貴，到寺院洞窟與蒙正成親。

　　那年端午佳節前夕，呂蒙正為安慰過慣富足生活的妻子，就在窟壁題字：「富家之女嫁貧夫，明日端午樣樣無。」賢慧的妻子理解丈夫心中情境，也詼趣附和：「何人壁上亂題詩，明日端午我不知，有朝一日時運轉，天

---

[1] 鄒紹志、桂勝，《中國狀元趣話》，頁 203。

天端陽正午時。」來寬慰激勵丈夫。[2]

從此，呂蒙正深受愛妻鼓勵感動，更加勤奮攻讀，終於金榜題名，狀元及第。

在考中狀元當官後，名利雙收，逢迎吹捧前來錦上添花者很多，與小時貧困和及第前，成鮮明對比，他深刻體會到人間趨炎附勢的世態炎涼，又寫了一首有漢字數目的諷世詩詞：「**回憶去歲飢荒，五六七月間，柴米盡焦枯，雖有近戚遠親，誰肯雪中送炭？僥倖今朝科舉，一二三場內，中了五經〔詩、書、禮、易、春秋〕魁，不拘張三李四，都來錦上添花！**」[3]

蒙正中第狀元，授著作郎、直史館，又拜授左補闕、知制誥、翰林學士，太平興國八年，當官僅六年，即升至參知政事（副相）；太宗端拱元年（988），李昉遭罷相；帝授呂蒙正升任宰相，距科中狀元後服官，僅十一年時間。太宗淳化二年（991），呂蒙正受戚族諫官牽連，貶為吏部尚書；淳化四年（993），真相還以清白，太宗又宣召入相。宋真宗即位後，又於咸平四年（1011）提升為同平章事、昭文館大學士，等於三度拜相。咸平六年，加授太子太師；未久，因病辭官，回到洛陽故里。家有園亭花木，時與親戚故舊歡宴敘情，和樂融融，愉悅享福。

呂蒙正為人敦厚寬簡，忠貞直言，以正道持身，清

---

2 周臘生，《宋代狀元譜‧奇談》，頁 116。
3 同註 2 前揭書，頁 118。

廉富重望。

真宗朝拜先父皇永熙陵，途經洛陽兩次，臨幸探望蒙正，垂詢：「愛卿，汝諸子中誰賢可為官？」蒙正敬對皇上：「諸子皆尚未成器，不足用；唯有侄夷簡，乃宰相才器也！」夷簡於是蒙受聖上垂青重用，至仁宗初年，果為名相；夷簡子公著（1018-1089），後來也為名臣。

真宗大中祥符四年（1011），呂蒙正病卒，享年六十七歲，諡文穆。

呂蒙正是北宋初期著名而富影響力的狀元宰相，後世也給予推崇，評價很高。

《宋史·列傳》〈呂蒙正傳〉：

> 呂蒙正，河南人。祖，戶部侍郎。父，起居郎。蒙正，太平興國二年擢進士第一。授著作郎、直史館，加左拾遺。五年，拜左補闕、知制誥。未幾，入為翰林學士，擢左諫議大夫參知政事，賜第麗景門。李昉罷相，蒙正拜戶部尚書、平章事、監修國史。蒙正質厚寬簡，有重望，以正道自持，敢言時政，上嘉其無隱。趙普開國元老，蒙正後進，歷官一紀〔十二年〕，遂同相位，普甚推許之。淳化中，蒙正妻族上疏忤旨，罷為吏部尚書；四年，復入相。真宗即位，咸平四年，以本官同平章事、昭文館大學士。國朝以來三入相者，惟趙普與蒙正焉。〔真宗〕景德二年春，表請歸洛。

至洛，有園亭花木，日與親舊宴會，子孫環列，
怡然自得。上朝永熙陵，過洛，兩幸其第，錫賚
〔賞賜〕有加。上謂蒙正曰：「卿諸子孰可用？」
對曰：「諸子皆不足用。有侄夷簡，任潁州推官，
宰相才也。」夷簡由是見知於上。

三、孫　何狀元

孫何（961-1004），蔡州汝陽（今河南汝南）人，宋
太宗淳化三年（992）進士科第一名狀元；他是宋代第一
位連中三元：解元、省元（後代稱會元）、狀元者，也是
中華科舉史上，十三位連中「三元及第」之一，名列青
史。

他十歲就懂音韵，十五歲即能寫很好文章，喜愛讀
古文，必定憑經義而有所本；與當時才子丁謂齊名。

科中狀元後，當陝州通判（州府副首長），後召入直
史館、累遷秘書丞、京西轉運副使、右正言、左司諫。

宋真宗即位之初，孫何獻議：請挑選儒臣有方略者
統領兵隊；請以賢能授官，勿以恩賜或慶典往例提拔；
皇帝覽閱後嘉勉。真宗咸平二年，又獻疏說：六卿（吏
戶禮兵刑工）分職，為皇家大柄，六職上舉而天下政事
完備。又言：現今國家三聖（北宋太祖、太宗、真宗）
承續垂統太平，陛下訓師擇將，文武謀臣，可說很多人
才；真宗覽閱後，滿意嘉許。

　　孫何重視名教，喜接文士，後學晚進有詞藝的，都給予稱讚頌揚；孫何好學，有文集四十卷。

　　真宗景德年間，孫何罹病，上奏請求養疾，皇上不許辭官，派遣太醫診治，醫生點燃艾草針刺，孫何說：身體髮膚受之父母，而死生有命，不聽太醫艾診；未幾，卒，年僅四十四；皇上正在澶淵，聞之，憐憫可惜英年病卒。

　　《宋史·列傳》〈孫何傳〉，謹摘要節錄，以有所憑據。

　　　孫何，蔡州汝陽人。祖，以講授為業。父，為河南主簿、殿中丞、龍州知州。何七歲，識音韵，十五能屬文，篤學嗜古，為文必本經義，與丁謂齊名友善。〔太宗〕淳化三年舉進士，開封府、禮部俱首，及第又得甲科。初作陝州通判；召入直史館、遷秘書丞、京西轉運副使；歷右正言、右司諫。真宗初，獻議：請擇儒臣有方略者統兵；請以能授官，勿以恩慶例遷。上覽而善之。〔真宗〕咸平二年，又獻疏曰：六卿分職，邦家之大柄也。有吏部辨考績而育人才，有兵部簡車徒而治戎備，有工部繕宮室而修隄防，有戶部正版圖而阜貨財，有刑部謹紀律而誅暴強，有禮部祀神祇而選賢俊，六職舉而天下之事備矣。今國家三聖相承，太平之業，垂統立制，在此時也。陛下

訓師擇將，可謂至多，文武謀臣參用。真宗覽而嘉之。〔真宗〕景德初，何已疾，上章求養疾，上不許，遣醫診視；醫勉其燃艾，何答曰：「死生有命」，不聽從；卒，年四十四。上在澶淵，聞之憫惜。何樂名教，勤接士類，後進之有詞藝者，必為稱揚。好學，有集四十卷；弟僅。

四、孫　僅狀元

孫僅（969-1017），北宋蔡州汝陽（今河南汝南）人，宋真宗咸平元年（998）進士科第一名狀元；六年前，兄長孫何也科中狀元，兄弟接續金榜第一，為科舉史上美名佳話，很受鄉里人士尊崇欽羨。

孫僅在少年時，即刻苦勤學；考中狀元後，真宗擢為光祿寺丞、入直集賢院，未久，當知縣。景德四年，拜授太子中允、京城開封府推官；又遷右正言、同知審官院。大中祥符元年（1008），知審刑院，又拜右諫議大夫、集賢院學士、權知開封府；再任左諫議大夫、知府、給事中等官職。

真宗天禧元年（1017），因病英年離世，年四十九歲；真宗嘆為可惜！

孫僅為人質樸誠實，為政尚寬，篤志儒學，性情忠厚，不爭名逐利，與世無爭，好學行文，有文集五十卷。

正史《宋史·列傳》有〈孫僅附傳〉，緊附在其兄〈孫

何傳〉之後。

> 僅，少勤學，與兄何俱有名於時。咸平元年，進士甲科，兄弟連冠貢籍，時人榮之。擢光祿寺丞、直集賢院、知縣；〔真宗〕景德初，拜太子中允、開封府推官；又遷右正言、知制誥、同知審官院。僅純厚，為政頗寬，〔真宗〕大中祥符元年，加員外郎、知審刑院，頃又拜右諫議大夫、集賢院學士、權知開封府；改任左諫議大夫、出知河中府、給事中等。天禧元年，卒，年四十九。僅性端懇，中立無競，篤於儒學，士大夫推其履尚，有集五十卷。

五、王　曾狀元

王曾（978-1038），北宋青州益都（屬今山東青州）人，宋真宗咸平五年（1002）進士科第一名狀元，時年二十四歲。

王曾年少就聰穎勤學，擅長文辭，當時文史學家楊億看到他作的詩賦，讚歎說：「王曾，是具有輔佐才器的人才。」

宋真宗咸平年間，王曾解試、省試（後代稱會試）、殿試都考中第一名（即解元、省元、狀元），成為宋代第二位連中三元及第的狀元（第一位是孫何）；也是科舉考

試史上，十三位連中「三元及第」的狀元之一，鄉里人士敬重推尊，也留名青史上。

科中狀元後，王曾拜授今屬山東濟州通判（州府副首長），不久，奉詔進入皇京，當著作郎、入直史館、知制誥；又遷升翰林學士、知審刑院；更升遷為右諫議大夫、參知政事（副宰相）、門下侍郎兼戶部尚書、昭文館大學士、監修國史等官職要務。

北宋第四位皇帝仁宗親政，更任命授與王曾同中書門下平章事、樞密使、集賢殿大學士等政務相位。

仁宗寶元元年（1038），王曾病卒，年六十一歲，諡文正。

王曾資性端厚，朝廷為官正直敢言，進退合宜禮節；卒後，仁宗親篆其碑曰：「旌賢之碑」；又賜改其家鄉為「旌賢鄉」；史稱，大臣得賜碑傳自王曾開始。

正史《宋史·列傳》有〈王曾傳〉，茲摘錄節要如下：

> 王曾，青州益都人，少從學，善為文辭。咸平中，由鄉貢試禮部、廷對皆第一。楊億見其賦，歎曰：「王佐器也。」通判濟州還，授著作郎、直史館；遷右正言、知制誥兼史館修撰，升遷翰林學士。再遷知審官院、右諫議大夫、參知政事〔副相〕。仁宗立，遷禮部尚書、同中書門下平章事、集賢殿大學士、昭文館大學士、監修國史、樞密使。寶元元年，薨，年六十一，諡文正。曾資質端厚，

在朝廷，進止皆有常處，平生自奉甚儉。〔仁宗〕皇祐中，為篆其碑曰：「旌賢之碑」，又改其鄉曰：「旌賢鄉」；大臣賜碑篆自曾始。

六、陳堯叟狀元

陳堯叟（961-1017），北宋閬州（今屬四川）閬中人；父，陳省華，當過縣令知州、諫議大夫；母，馮氏，生有三子：長子陳堯叟，次子堯佐，三子堯咨。三兄弟從小都很聰穎力學，在父母親嚴厲督責調教下，居然三位都科中進士，而且老大、老三都成為進士第一名的狀元，鄉里引以為榮，尊稱「陳府三進士，兄弟兩狀元」，後代更頌揚四川閬中為「狀元之鄉」。

大哥堯叟是宋太宗端拱二年（989）進士科第一名狀元。

考中狀元後，授光祿寺丞、入直史館修史、遷工部員外郎、廣南西路轉運使；後又回京當刑部員外郎、樞密院學士。真宗時，升遷工部尚書、戶部尚書、同平章事、樞密使相位。

真宗天禧元年（1017），因長年腳疾，又病危，旋卒，得年五十七，諡文忠。

堯叟外貌英偉，博學強記。母馮氏，性格調教嚴厲，兄弟事親孝順；因俸祿厚多，家中富有，唯馮氏不准諸子侈華。丈夫、父子皆高官顯貴，榮盛有加。貴賓客人

來訪，三兄弟皆侍立於旁，賓客感受拘禮不安，都不敢久坐，想早點告辭離去，為父省華對賓客說：「不要緊，孩子是後生晚輩，此為平常禮節的事情。」

正史《宋史‧列傳》有〈陳堯叟傳〉，謹摘錄節要於下：

> 堯叟，閬州閬中人。父，省華。叟初解褐〔當官〕光祿寺丞、直史館、秘書丞；遷工部員外郎、廣南西路轉運使。真宗咸平〔年間〕，遷兵部主客郎中、樞密直學士、工部侍郎；景德中，遷刑部、工部二侍郎，知樞密院事。大中祥符初，加尚書左丞，進工部尚書。堯叟素有足疾，病甚，表請避位；天禧初，病亟，卒，年五十七，諡曰文忠。堯叟偉姿貌，強力。母馮氏，性嚴。堯叟事親孝謹，怡聲侍側，不敢以貴自處。家本富，祿賜且厚，馮氏不許諸子華侈。景德中，堯叟掌樞機，弟堯佐直史館，堯咨知制誥，父省華與諸孫任官者十數人，宗親登科者又數人，榮盛無比。賓客至，堯叟兄弟侍立省華側，客不自安，多引去。

七、陳堯咨狀元

陳堯咨（970-1034），閬州閬中人；父，陳省華；堯咨在北宋真宗咸平三年(1000)，科中進士科第一名狀元；

大哥堯叟在十一年前（989）也是狀元，兄弟掄元，鄉里人士榮耀尊崇，也是科舉史上佳話，很受世人讚賞。

堯咨考中狀元後，授濟州通判（州府副首長），任滿召為校書郎、直史館修史；擢升右正言、知制誥，負責起草詔、令；後又升為右諫議大夫、集賢院學士、龍圖閣學士、工部郎中、開封府知府、翰林學士。

六十五歲，因病離世，諡康肅。

堯咨喜射才藝非凡，當世無雙，人稱「神射手」；有一天，在家中庭園練射，箭箭中的；一位賣油老翁路過，神情專注觀看，堯咨問他：「您也懂射箭嗎？」老翁回答：「不過熟能生巧而已！」說完，在地上擺放一個開有小口的葫蘆，用一枚銅錢套附住小口周圍，隨後將油由上往下自葫蘆口倒注，竟然一滴不漏，陳堯咨看了也佩服；賣油老翁說：跟你射箭一樣道理，熟能生巧罷了。[4]

正史《宋史‧列傳》有〈（陳堯叟）陳堯咨合傳〉，茲節錄〈堯咨傳略〉如下，以符史實。

> 堯咨，舉進士第一；通判濟州，召為秘書省著作郎、直史館。擢右正言、知制誥、知光州、荊南。改右諫議大夫、集賢院學士、龍圖閣直學士、尚書工部郎中。堯咨以氣節自任，善射，嘗以錢為

---

4 車吉心、劉德增，《中國狀元全傳》，頁 140；鄒紹志、桂勝，《中國狀元趣話》，頁 71；周臘生，《宋代狀元譜‧奇談》，頁 144，〈陳堯咨與賣油翁〉。

的，一發貫其中。兄弟同時顯貴，時推為盛族。

八、宋　庠狀元

　　宋庠（996-1066），北宋安州安陸（屬今湖北）人，後來遷徙到河南開封府的雍丘（今杞縣）。

　　他在宋仁宗天聖二年（1024），科舉考中進士科第一名的狀元。之前的鄉試、省試（後代的會試）也是第一，即中解元、省元；如今，又中狀元，成為極為難得一見的「連中三元及第」，他也是宋代第三位連中三元的「狀元」（前兩位是孫何、王曾），鄉里人士都感到榮耀欽佩。

　　考中進士狀元後，擢為大理評事、同判襄州。後召入，當太子中允、直史館修史、起居注、左正言、知審刑院等官階職務。至仁宗寶元年間，升任右諫議大夫參知政事（副宰相）；為相溫儒文雅，處事分別是非。參知政事范仲淹去位，皇帝垂詢宰相，何官可接替仲淹，宰相推薦宋庠。慶曆八年，任樞密使；〔仁宗〕皇祐年間，拜授同中書門下平章事、集賢殿大學士、刑部尚書、觀文殿大學士、兵部尚書、同平章事充樞密使等高官相位職。及至英宗（北宋太祖、太宗、真宗、仁宗之後的第五位皇帝）即位，宋庠上章請求歸老，皇上因為他是左右相輔大臣，未從；宋庠先後長久任官，以盡忠慎靜自安。未久，請求辭職更加堅持，終以司空官位退休。病

卒，享年七十一歲，諡元獻。皇帝為他篆碑云:「忠規德範之碑」。

宋庠與弟宋祁，都以文名享天下，天資忠厚，不喜聲色，節儉簡約，讀書至老不倦。

宋祁，與哥哥宋庠同年科舉考中進士，禮部上奏弟弟宋祁第一，哥哥宋庠第三;但當時章獻太后認為應循兄弟長幼有序倫理，不想讓弟弟排名在哥哥之前，就決意提拔哥哥宋庠為第一（狀元），而把弟弟宋祁排為第十名;當時人以「大、小」稱呼「兩宋」。

評論者說:北宋真宗咸平、仁宗天聖年間，父子兄弟以功名聲聞當世者，在陳堯佐〔省華、叟、咨〕、宋庠身上可見。仁人君子認為陳之家法、宋之友愛，有宋以來不多見，真是賢能啊!

宋祁具文才之外，也是史學家，他與歐陽修等合為修纂《新唐書》，其中〈列傳〉一百五十卷，為宋祁所修，十餘年修史期間，出入內外，都隨身帶著文稿。

按，五代後晉宰相劉昫等撰的《舊唐書》有二百卷（本紀二十卷、志三十卷、列傳一百五十卷）;到了北宋仁宗時代，以劉昫《（舊）唐書》氣弱意陋，乃命翰林學士歐陽修、端明殿學士宋祁，重加刊修為《新唐書》共二百二十五卷（本紀十卷、志五十卷、表十五卷、列傳一百五十卷）。至於，宋庠、宋祁兄弟所處的宋代，由元代的史臣托克托（脫脫）、揭奚斯等修撰有《宋史》四百九十六卷（本紀四十七卷、志一百六十二卷、表三十二

卷、列傳二百五十五卷）。[5]

《宋史・列傳》有〈宋庠傳〉，今摘錄節要如下：

> 宋庠，安州安陸人，後徙開封之雍丘。天聖初，
> 舉進士，開封、試禮部皆第一，擢大理評事、同
> 判襄州。召遷太子中允、直史館、起居注、左正
> 言、知審刑院。寶元中，以右諫議大夫參知政事。
> 庠為相儒雅，執政分別是非。參知政事范仲淹去
> 位，帝問宰相，誰可代仲淹者，荐宋庠。慶曆八
> 年充樞密使。皇祐中，授同中書門下平章事、集
> 賢殿大學士、觀文殿大學士。英宗即位，庠上章
> 請老，帝以大臣故，未從；庠前後所至，以慎靜
> 為治。又請老益堅，以司空致仕〔辭職歸鄉〕。卒，
> 賜天獻。帝為篆其碑曰「忠規德範之碑」。庠天資
> 忠厚，儉約不好聲色，讀書至老不倦。弟祁，與
> 兄庠同時舉進士，禮部奏祁第一，庠第三，章獻
> 太后不欲以弟先兄，乃擢庠第一，而置祁第十；
> 人呼曰：「二宋」，以大、小別之。祁修有《（新）
> 唐書》。

---

5 王樹民，《史部要籍解題》，頁 89，94 與 109；世界書局編，〈二十五史述要〉，頁 166，172 與 221。

九、王拱辰狀元

王拱辰（1012-1085），北宋開封府咸平人。宋仁宗天聖八年（1030），拱辰十九歲時，即科舉考試取中狀元。

得到狀元後，初任懷州（今河南沁陽）當通判（州府副首長）；他為官清廉公正，體驗百姓生活民情。有一年除夕團圓當天傍晚，拱辰微服出外察訪，看見某窮戶小屋剛貼上春聯，右聯：「家有萬金不為富」，左聯：「戶養五子等無兒」，中上橫聯為「夫妻孤寂度歲」。王通判向鄰居一打聽，得知這對夫婦生育有五個兒子，卻都各立門戶，鮮少照護探望父母；拱辰即刻派請屬下用轎子接待這對老夫妻到衙門吃年夜飯。五個兒子聞訊，都急趕到衙門向王通判謝罪，並表示願悔改，輪接父母回家奉養照顧。王拱辰重新為這對老夫婦貼寫春聯：「**萬金難買歲月**」、「**五兒爭養爹娘**」、上面橫聯為「**苦盡甘來**」。[6]

王拱辰又先後歷任開封知府、御史中丞、三司使、端明殿學士、太子少保、加檢校太師等官階職務。

拱辰年老病卒，享歲七十四高壽，皇廷諡懿恪。他共歷事仁宗、英宗、神宗、哲宗四朝皇帝，任官長達五十五年（1030-1085），為宋代從政最久的狀元。

---

6 王剛、彥平，《歷代文武狀元》，〈王拱辰〉，頁99。

　　王拱辰擅長文辭，他的孫女婿李格非是宋代著名學者，名著《洛陽名園記》；他的曾外孫女李清照，為宋代最著名的女詞家；曾外孫女婿趙明誠，北宋金石學家。夫妻感情篤切，清照在《金石錄後序》：「明誠嗜金石，每朔望告出，步入相國寺，市碑文、果實，歸與清照相對展玩咀嚼」，恩愛如膠似漆。

　　《宋史・列傳》有〈王拱辰傳〉、〈（文苑六）李格非傳〉，茲節錄摘要如下，以徵上文史實。

　　　　王拱辰，開封咸平人，年十九，舉進士第一。通判懷州，入直集賢院、修起居住、知制誥。慶曆元年為翰林學士。權知開封府，拜御史中丞、三司使，鄭州、澶州、并州知州，學士兼侍讀、吏部尚書。神宗登極，遷太子少保；哲宗立，加檢校太師。薨，年七十四，諡懿恪。論曰：拱辰之才，有過人者，為國老成望重。李格非，濟南人，幼時俊警異甚。有司方以詩賦取士，格非獨用意經學，遂登進士第。以文章受知於蘇軾，嘗著《洛陽名園記》，謂「洛陽之盛衰，天下治亂之候也」。其後洛陽陷於金，人以為知言。召為校書郎，遷著作佐郎、禮部員外郎。卒，年六十一。格非苦心工於詞章；妻王氏，拱辰孫女，亦善文。女清照，詩文尤有稱於時，自號易安居士，嫁趙挺之之子明誠。

十、楊　寘狀元

楊寘（1014-1044），屬今安徽合肥人，為北宋仁宗慶曆二年（1042）進士科第一名狀元，當時年二十八歲。

他在少年時，即顯現博學才華，母親賢慧有才氣，親自教導他勤學向上。鄉試就考中第一（解元）；慶曆二年，前往京畿開封赴考，禮部也科考第一；及至崇政殿參加皇上親自殿試策對，仁宗臨軒啟封，擢為第一；至此，楊寘取得解元、省元、狀元，連中三元及第，繼北宋孫何、王曾、宋庠之後，也成為「連中三元」的狀元，朝中皇帝、宰輔、大臣慶祝致賀，深慶得到人才。

楊寘考取狀元後，授潁州通判，卻遇母親病卒，守制，未及赴任服官；母喪辦完，楊寘因傷心過度，極為憔悴虛弱，竟罹病不起而撒手人寰，年僅三十歲，可嘆沒有展現長才，壯志未酬，即英年早逝，鄉人痛惜；仁宗特地下旨撫恤致送家屬賻儀禮金。

由於楊寘科中狀元，授官即將赴任之際，旋遭母喪守制，又過度痛心，病弱離開人間，沒有服官人生履歷，所以《宋史·列傳》內的〈楊寘傳〉，約僅有一百二十餘字，茲錄之如下：

> 楊寘，字審賢，審察之弟。少有雋才，〔仁宗〕慶曆二年舉進士京師，試國子監、禮部皆第一。既

試崇政殿，帝臨軒啟封，見名喜動於色，謂輔臣曰：「楊寔也。」遂擢第一，公卿相賀為得人。授通判潁州；未至官，持母喪，病羸卒，特詔賻恤其家。先是，其友夢寔作「龍首山人」，寔自謂：「龍首，我冠多士；山人，無祿位之稱；我其終是乎！」已而果然。

十一、馮　京狀元

　　馮京（1021-1094），鄂州江夏（屬今湖北武昌）人，北宋仁宗皇祐元年（1049）進士科第一名狀元。

　　少年時，即富俊才而與眾不同；從鄉試（解元）、禮部（省元，即後代會元）、以至朝廷殿試策對皆第一名，此年二十九歲，成為在孫何、王曾、宋庠、楊寔之後的北宋「連中三元及第」的第五位狀元，當時皇上貴妃外戚家，很想招選還未娶親的馮京狀元為女婿，但他沒有答應。後來，成了宰相富弼的東床快婿。

　　科舉考中狀元後，他拜授荊南府（屬今湖北江陵）通判；後回京，授直集賢院、龍圖閣待制；出為揚州知府、江寧知府，又被召返京擔任翰林學士、知開封府。

　　在京畿數月，一直未禮貌上拜見宰輔韓琦，被認定視為恃才傲慢，岳父大人富弼交待他前往晉見韓琦，他回說：「韓公為宰相，我追隨為人下官，不敢妄自造訪麻煩，乃是為了韓公重位日理萬機，不是傲慢也。」

神宗即位，仍為翰林學士，加遷御史中丞，又升任為樞密副使、參知政事（副宰相）。

哲宗皇帝即位，拜授節度使，以太子少師致仕（辭官退休）；哲宗紹聖元年（1094），年老因病卒，享高壽七十四歲；皇上親至寓所悼念，頒謚文簡。

《宋史·列傳》有〈馮京傳〉，僅節錄摘要其傳略：

> 馮京，鄂州江夏人。少雋邁不羣；舉進士，自鄉舉、禮部以至廷試，皆第一。時猶未娶，張堯佐負宮勢，欲妻以女；擁至其家，曰：「此上意也。」頃之，宮中持酒殽來，直出奩具〔陪嫁嫁妝〕目示之，京笑不視，力辭。出守通判荊南；還，直集賢院、修起居注、知制誥〔詔、令〕。避婦父富弼，拜龍圖閣待制、知揚州；改遷江寧府，以翰林侍讀學士召還，為翰林學士、知開封府。數月不詣丞相府，韓琦語〔富〕弼，以京為傲。弼使往見琦，京曰：〔韓〕公為宰相，從官不妄造請，乃所以為公重，非傲也。授端明殿學士、知太原府。神宗立，復為翰林學士，改遷御史中丞，擢樞密副使，進參知政事。哲宗即位，拜授節度使；京已老，拜太子少師，致仕。〔哲宗〕紹聖天年〔1094〕，薨，年七十四，帝臨第，謚曰文簡。

十二、黃公度狀元

　　黃公度（1109-1156），號「知稼翁」，宋興化莆田（屬
今福建莆田）人；南宋高宗紹興八年（1138），他在省試
考中第一名，此科未舉辦殿試，禮部直接就把名單奏呈
高宗皇帝認可同意，公度成為該年狀元，時年三十歲。

　　據《宋史・高宗紀六》記載：「紹興八年，賜禮部進
士黃公度以下三百九十五人及第出身」，故知黃公度為此
年進士科第一名狀元。

　　按，南宋高宗趙構（1107-1187），生於北宋徽宗趙
佶大觀元年（1107），為徽宗第九子，誕於當時東京（今
河南開封）皇宮，徽宗宣和三年（1121），進封「康王」。

　　欽宗靖康元年（1126）十一月，金兵南下進逼擊破
汴京（首都開封）；隔年（1127）四月，金人俘擄徽、欽
二宗暨皇室后妃、大臣北去；五月，趙構即皇帝位於南
京（屬今河南商丘縣），改元「建炎」年號，史稱南宋。
建炎三年二月，倉惶南下奔赴錢塘（今浙江杭州）。十一
月，金兵主力攻入建康，繼續南下。

　　建炎四年，御史中丞秦檜自金國逃歸，趙構專信秦
檜與金人議和偷安屈己，不許主戰派收復失土之忠臣干
涉和議，大權盡歸秦檜。

　　紹興三十二年，趙構禪位給孝宗，自任「太上皇」，
在位三十六年（建炎四年加上紹興三十二年）。南宋孝宗

淳熙十四年（1187），崩，享年高壽八十一，葬於會稽（今紹興）永思陵，廟號高宗。

杜甫詩句：「人生七十古來稀」，趙構享壽八十一，為中華歷代廿五史中，數百位皇帝享有七十歲以上的約十位之一。（其中，乾隆八十八，第一高壽；南朝梁武帝八十六，武周武則天八十二，南宋高宗八十一，元代忽必略八十，唐玄宗七十八，三國・吳孫權、明太祖朱元璋，皆七十一，漢武帝、唐高祖李淵，皆七十歲。）

趙構無抗金收復北宋失土之才幹與決心勇氣，只求苟安，屢向金人屈膝求和，寵信奸臣秦檜，致為相十九年，專權迫害主戰派之李剛、宗澤、岳飛等忠良功臣；高宗後來雖知檜跋扈，然為時已晚，終南宋，只能偏安江南一隅。

黃公度在考中狀元後，初授福建泉州節度判官，紹興十五年，遷授秘書省；因有秦檜同黨諂言秘報，遭貶南下流放肇慶府（今廣東肇慶）達十年之久。

至高宗紹興二十五年（1155），奸臣秦檜薨，公度才又被召回擔任考功員外郎；唯不久即卒，年僅四十八歲。

他因英年早卒，官位低，功名影響力不大，《宋史》無傳。

公度擅長文學，留有《知稼翁集》、《知稼翁詞》傳於後代。世人稱頌其詞氣和音雅，文集品味高勝。

十三、張孝祥狀元

　　張孝祥（1132-1170），字安國，號于湖居士，烏江（屬今安徽和縣）人，南宋高宗紹興二十四年（1154），進上科第一人（狀元）。

　　孝祥從小聰穎好學，讀書能過目不忘，下筆數千言，也頃刻撰就。十六歲就科中舉人考試，殿試廷對時，考官因秦檜關說活動，畏其權勢已擬將第一甲第一名給予秦檜之孫秦塤，張孝祥擬排第二。及高宗策對拆卷，對於張孝祥一手遒勁的顏真卿體書法與學仿杜甫詩句，大為欣賞讚歎，認為殿廷策對、顏體字與杜詩皆俱美，可謂「三絕狀元」，又因對秦檜的專權跋扈，已漸感少耐不滿；遂將孝祥定為第一人，而秦塤降置第三。

　　《宋史‧列傳》〈奸臣三‧秦檜傳〉：「帝讀塤策，皆〔秦〕檜、〔秦〕熺語，於是擢孝祥為第一，降塤第三。」

　　張孝祥考中狀元後，因力主抗金，反對和議，上疏為岳飛平反，觸怒了秦檜，父親張祁也被秦檜黨羽誣告入獄，直到秦檜薨逝才獲釋。

　　孝祥初授承事郎、節度判官；歷任禮部員外郎、起居舍人、中書舍人、直學士、建康（今南京）留守等官職，因極力贊同主戰派張浚北伐而遭彈劾去職。又任荊南荊湖北路安撫使，築堤杜絕水患，得有政績名聲。

　　孝宗乾道五年（1170），他與名臣好友虞允文（嘗率

將兵大破入侵金兵於安徽當塗縣采石磯之戰）泛舟安徽
蕪湖時，猝然中暑不治而亡，年僅三十八歲；孝宗聞之，
對人才英年早逝，深感痛惜，大有用才仍未盡之嘆。

　　張孝祥是南宋初年愛國詞人文學家，其詞強烈充滿
愛國激情，豪邁悲壯，力學北宋蘇軾（東坡）而為豪放
派重要詞家；他譴責苟且偷安偏於一隅人士，抗金名將
張浚感動讚賞。

　　孝祥書法詞集俱佳，所著《于湖詞》、《于湖集》流
傳於世。

　　張孝祥有一詞牌〈念奴嬌〉（過洞庭）：

　　洞庭青草，近中秋；玉鑑瓊田三萬頃，著我扁舟
　　一葉，素月分輝，明河共影，表裏俱澄澈；悠然
　　心會，妙處難與君說；孤光自照，肝膽皆冰雪；
　　穩泛滄浪空闊，扣舷獨嘯，不知今夕何夕。

　　又有一〈水調歌頭〉詞牌名句：

　　雪洗虜塵靜，風約楚雲留；何人為寫悲壯，吹角
　　古城樓；湖海平生豪氣，憶當年，周（瑜）與謝
　　（玄），富春秋，勳業故優遊；我欲乘風去，擊楫
　　誓中流。〔效法祖逖北伐，恢復中原心志〕。

　　《宋史·列傳》有〈張孝祥傳〉，僅節錄摘要傳略：

張孝祥字安國，歷陽烏江人。讀書一過目不忘，下筆頃刻數千言。年十六，領鄉書舉冠。紹興二十四年，廷試第一。考官已定秦塤冠多士，孝祥次之。高宗讀塤策皆秦檜語，於是擢孝祥第一，而塤第三。授承事郎，簽書節度判官，諭曰：「張孝祥詞翰俱美。」上之抑塤而擢孝祥也，秦檜已怒，風言者誣孝祥父祁，繫獄。後檜薨，釋罪。遂以孝祥為秘書省正字，遷校書郎、禮部員外郎、起居舍人、中書舍人、尋知撫州，年未三十，蒞事精確。孝宗即位，復集英殿修撰、知平江〔蘇州〕府。授直學士兼都督府參軍，旋兼建康〔南京〕留守、廣南西路經略安撫使，治有聲績。知潭州，為政簡易，湖南遂以無事。復徙知荊南、荊湖北路安撫使，築堤，自是荊州無水患。以疾〔急〕卒，年三十八；孝宗惜之，有用才不盡之嘆。孝祥俊逸，文章過人，尤工翰墨，高宗見之，曰：「必將名世。」但渡江初，大議惟和戰，張浚主復仇，湯思退祖秦檜之說力主和，孝祥出入二人〔張與湯〕之門而兩持其說，議者惜之。論曰：張孝祥早負才俊，蒞政揚聲，迨其兩持和戰，君子每歎息焉。

十四、陳　亮狀元

陳亮（1143-1194），人稱「龍川先生」，南宋婺州永康（屬今浙江永康）人，光宗紹熙四年（1193）進士科第一名狀元，時年已五十一歲。

他自幼聰穎好學，才氣豪邁，能文章，又喜論兵家之事，頗富氣節壯志，論議風生，能一揮撰就而下筆數千言。年十八，就存有抗金北伐救國，收復失土，奔走四方之志向。

當時的婺州太守見過面後，對他極為讚賞，認為他是一位充滿抱負而且心志非凡的人才。

孝宗淳熙五年（1178），他才二十五歲，卻以一介布衣百姓身份接連三度上疏縱論時局情勢，力主抗金收復失地，反對議和派人士，而請求面報皇上；閱奏，孝宗皇帝赫然震動；因朝內大臣阻礙，未能面見聖上如願。

因陳亮力議主張北伐抗金，反對議和者苟且偷安，屢遭議和派人士忌恨迫害，被捕下獄，深受打擊；僥倖得有孝宗皇上及愛國詞人主戰派之辛棄疾等的寬宥與營救，得免於死。

陳亮因此悟知，要通過科考取得功名，當官有政治地位的人，才能實現壯志理想抱負；否則，人微言輕，徒然空想。

到了五十一歲時，他才在紹熙四年,順利通過省試,

又在殿廷上深受皇上的讚賞，主考官原評為第三名，但皇帝親御閱卷啟封後，遂拔擢為第一名狀元；

光宗詔授陳亮為建康（今南京）判官廳職務，至此暮年始中科考狀元，思圖施展才能抱負；可惜，還未來得及展現才華，竟於未到任之路途中，突然病卒，年五十二歲，亦即一生未曾服官任職。

至南宋理宗端平元年（1234），朝廷追諡文毅。

陳亮為南宋著名政論思想家、愛國詞人，與當代辛棄疾志同道合，交情深厚，時常聚在一起合抒反對議和偏安，力主抗金北伐而壯志難酬感嘆，慷慨賦詞為文，是南宋豪放派詞人的重要代表人士之一。

他著有《龍川詞》、《陳亮集》流傳於世。

《宋史‧列傳》（儒林六）有〈陳亮傳〉，茲摘要節略於下：

> 陳亮，婺州永康人。生而目光有芒，為人才氣超邁，喜談兵，論議風生，下筆數千言立就。郡守奇之，曰：「他日國士也。」因得交一時豪傑；上〈中興五論〉，奏入不報；退於家，益力學著書者十年。孝宗即位，亮上書曰：二聖〔徽、欽二宗〕北狩之痛，君臣上下痛心疾首；及秦檜倡邪和議，忠臣義士斥死南方，而天下之氣惰矣，不知兵戈為何事也，況望其憤故國之恥。今舉一世而忘君父之大仇，此豈人道所可安乎？南渡以來，秦檜

忍恥事仇，飾太平一隅為欺。余自少有驅馳四方之志，今不勝憤悱，是以忘其賤而獻其愚。陛下誠令畢陳於前，豈惟區區之願，將天地之神，祖宗之靈，實與聞之。書奏，孝宗赫然震動，召令上殿，將擢用之，左右大臣莫知所為。亮歸家益屬志讀書，所學益博。亮感孝宗之知，至金陵視形勢，復上書曰：有非常之人，然後可以建非常之功。秦檜以和誤國二十餘年，而天下之氣索然無餘矣。陛向慨然有削平宇內之志，天下之士始知所向，其有功於宗廟社稷者，非區區所能誦說也。高宗與金有父兄之仇，生不能以報之，則死必有望於子孫。未幾，光宗策進士，亮以君道師道對，光宗得亮策乃大喜，奏名第三，御筆擢第一，既知為亮，則大喜曰：朕擢果不謬。又曰：親閱大對，擢置舉首，殆天留以遺朕也。授建康府判官廳公事。未至官，一夕，卒。卒之後，吏部侍郎葉適請於朝，命補一子官；〔南宋理宗〕端平初，諡文毅，更與一子官。

十五、文天祥狀元

文天祥（1236-1282），南宋江西吉州（今吉安）盧陵人，理宗端平三年（1236）出生前，家人見「天」上有「祥」瑞紫雲飄降，故名天祥；及長體貌豐偉，神采

俊爽，眉清目秀，顧盼光彩耀眼。

十八歲時，遊鄉校，見學宮祀列歐陽修（文忠公）、胡銓（忠簡公）、周必大（文忠公）、楊萬里（文節公）等先賢，慨然歎曰：「歿，不俎豆〔宗廟拜祀饗食〕其間，非夫也！」可見從青少時代，天祥已立下追從前賢大志。

理宗寶祐三年（1255），年二十，科舉州郡文士，遂字「文山」；四年（1256），晉京臨安（今浙江杭州）殿廷應試策對，主考官王應麟（文史名著《玉海》作者）上奏：「此卷古誼若龜鑑，忠肝如鐵石，臣敢為得人賀。」理宗皇帝閱覽對策，親拔擢為殿試第一名狀元。又見其名「天祥」而曰：「此天之祥，亦宋之瑞也。」乃又號為「宋瑞」。將授官，旋因丁父憂，乃歸家守制。除服，奉命供職。

初授節度判官廳公事、又歷任秘書省正字（官職掌校正文字）、校書郎、著作郎、刑部郎官、出守瑞州、禮部郎官、江西提刑。

度宗年間，授任尚書佐郎官、國史院編修官、福建提刑、湖南提刑、知江西贛州。

度宗幼子恭帝年間，因元兵渡江，奉詔勤王。授任右文殿修撰、江西安撫使、兵部尚書、端明殿學士、資政殿學士、樞密使、右丞相兼樞密使，奉旨詣見元帥伯顏抗論。

端宗（度宗長子，恭弟之兄），授觀文殿學士侍讀，召赴行在，授都督諸路軍馬；又授少保「信國公」。行甫

至五坡嶺（今廣東海豐縣），為元軍虜騎追及於道，軍潰被拘捕。

帝昺（度宗子，恭帝、端宗兄弟）祥興元年（1278，元世祖忽必烈至元十五年），為張弘範元軍所押，路過「零丁洋」，文天祥感嘆賦詩：「惶恐灘頭說惶恐，零丁洋裏嘆零丁，人生自古誰無死，留取丹心照汗青。」

元軍在崖山（今廣東新會附近）發動攻勢，宋將張世傑所率戰船為元軍擊破，隨船溺亡於大海（南海）；大臣陸秀夫也背負年僅九歲的皇帝趙昺，跳入大海，壯烈殉國，南宋亡。（從 1127 年，高宗趙構於臨安即位，至 1279 年為元所滅，共九帝，歷一百五十三年；而北宋自趙匡胤太祖於 960 年稱帝，至 1127 年，金兵俘虜徽、欽二宗，凡九帝歷一百六十八年，都開封汴京；北宋、南宋合為三百二十年。）

元軍統率張弘範派遣都鎮撫監護文天祥北行；元世祖至元十八年（1281），文天祥在成仁取義前約一年半，於囚居燕（今北京）獄，書寫流傳千古之〈正氣歌〉，先有自序：「余囚北庭，坐一斗室，惡氣雜出，陣陣逼人，當之者鮮不為厲，而予以孱弱俯仰其間，於茲二年矣，幸而無恙，是殆有養致然。孟子曰：「吾善養吾浩然之氣」，浩然者，乃天地之正氣也，作〈正氣歌〉一首：

> 天地有正氣，雜然賦流形，下則為河嶽，上則為日星。於人曰浩然，沛乎塞蒼冥。皇路當清爽，

含和吐明庭。時窮節乃見，一一垂丹青。在〔春秋〕晉董狐筆，在漢蘇武節，清操厲冰雪；或為出師表，鬼神泣壯烈；或為渡江楫，慷慨吞胡羯。是氣所磅礴，凜烈萬古存；當其貫日月，生死安足論？地維賴以立，天柱賴以尊；三綱實繫命，道義為之根。鼎鑊甘如飴，求之不可得。顧此耿耿在，仰視浮雲白，悠悠我心憂，蒼天曷有極！哲人日已遠，典型在夙昔，風簷展書讀，古道照顏色。

宋亡後第三年，元世祖至元十九年，文天祥四十七歲，慷慨就義，死節於燕京，壯烈犧牲成仁，英名永垂青史。

其臨終成仁取義前，預作自贊，敘寫衣帶間：

吾位居將相，不能救社稷，正天下，軍敗國辱，為囚虜，其當死久矣！頃被執以來，欲引決而無間；今天與之機，謹向南百拜以死，其贊曰：孔曰成仁，孟曰取義，惟其義盡，所以仁至。讀聖賢書，所學何事？而今而後，庶幾無愧。宋丞相文天祥絕筆

《宋史・列傳》有〈文天祥〉傳，今節錄摘要其傳略：

文天祥字宋瑞，吉之吉水人也。體貌豐偉，美晢如玉，秀眉而長目，顧盼燁然。自為童子時，自學宮所祠鄉先賢歐陽修、楊邦義、胡銓像，皆諡「忠」，即欣然慕之；曰：「沒，不俎豆其間，非夫也。」年二十舉進士，對策集英殿；帝親拔為第一。考官王應麟奏曰：「是卷古誼若龜鑑，忠肝如鐵石，臣敢為得人賀。」尋丁父憂，歸。天祥初入為節度判官，後遷至刑部郎官、出守瑞州，改江西提刑、遷尚書左司郎官、直學士院。〔度宗〕咸淳九年，為湖南提刑，因見故相江萬里，萬里素奇天祥志節，語及國事，愀然曰：「吾老矣！吾閱人多矣，世道之責，其在君乎？君其勉之。」十年，改知贛州。〔恭帝〕德佑初，江上報急，詔天下勤王，天祥捧詔涕泣，召諸豪傑皆應，有眾萬人。事聞，召入衛。其友止之，曰：「君以烏合之眾萬餘赴之，是何異驅羣羊而搏猛虎。」天祥曰：「庶天下忠臣義士將有聞風而起者，如此則社稷猶可保也。」天祥提兵至臨安，知平江〔蘇州〕府；天祥入平江，大元兵已發金陵入常州矣；天祥改守餘杭。明年，知臨安府、任樞密使、右丞相兼樞密使，與大元丞相伯顏抗論。〔元世祖忽必烈〕至元十四年，大元兵入汀州，天祥遂移漳州，又出江西，復數縣，撫州皆起兵應天祥。至元十五年，衛王加天祥少保、信國公；又進屯潮陽縣，

見弘範，左右命之拜，不拜，弘範遂以客禮見之。使為書招張世傑；天祥曰：「吾不能扞〔護衛〕父母，乃教人叛父母，可乎？」索之固，乃書〈過零丁洋〉詩與之；其末有云：「人生自古誰無死，留取丹心照汗青。」弘範笑而置之。〔元〕軍中置酒大會，弘範曰：「國亡，丞相忠孝盡矣，能改心以事宋者事元皇上，將不失為宰相也。」天祥泫然出涕，曰：「國亡不能捄〔救〕，為人臣者死有餘罪，況敢逃其死而二其心乎。」弘範義之，遣使護送天祥至京師。天祥在道，不食八日，不死；即復食。至燕，館人供張甚盛，天祥不寢處，坐達旦。遂移兵馬司，設卒以守之。時世祖皇帝多求才南官，或言：「南人無如天祥者。」遂諭旨，天祥曰：「國亡，吾分一死矣。」天祥在燕凡三年，上知天祥終不屈也。至元十九年，召入諭之曰：「汝何願？」天祥對曰：「天祥受宋恩，為宰相，安事二姓？願賜之一死足矣。」然猶不忍，言者力贊從天祥之請，從之；天祥死矣。天祥臨刑殊從容，謂吏卒曰：「吾事畢矣。」南向拜而死。數日，其妻歐陽氏收其屍，面如生，年四十七。其衣帶中有贊曰：「孔曰成仁，孟曰取義，惟其義盡，所以仁至。讀聖賢書，所學何事，而今而後，庶幾無愧。」論曰：自古志士，欲信大義於天下者，不以成敗利鈍〔不順利〕動其心，君子命之曰「仁」，

以其合天理之正，即人心之安爾。孔子賢之曰：「求仁而得仁。」宋至〔恭帝〕德祐亡矣。文天祥往來兵間，奉兩屏〔弱〕王（趙昰、趙昺）崎嶇嶺海，以圖興復，兵敗身執。世祖皇帝以天地有容之量，既壯其節，又惜其才，留之數年，百計馴之，終不可得。觀其從容就死如歸，是其所欲有甚於生者，可不謂之「仁」哉。宋三百餘年，取士之科，莫盛於進士，進士莫盛於掄魁。

十六、李　昉榜眼

李昉（925-996），深州（屬今河北饒陽）人，五代後漢乾祐元年（948）進士科第二名（榜眼），同年狀元是前已述及的王溥。

李昉科舉考試掄中榜眼後，於後漢、後周時代，先後授拜任官秘書郎直弘文館、右拾遺、集賢殿修撰、員外郎、知制誥、集賢殿直學士、加史館修撰、翰林學士。

宋太祖趙匡胤建隆元年（960），李昉三十六歲，歸順宋朝入為官，加中書舍人，知衡州，翰林學士。宋太宗趙（匡）光義即位，授戶部侍郎，參與修撰《太祖實錄》，又授拜工部尚書兼承旨，遷文明殿學士；再升任參知政事、平章事、監修國史等高官功名政務。

太宗至道二年（996），因陪祀南郊，由於年老，於拜舞之際，不慎跌倒於地，下屬隨從挽扶回府，竟臥床

不起而於數日之後，卒，年七十二歲，諡文正。

　　李昉撰著有《李昉文集》五十卷；他在歷史上，更有貢獻於後世的是，他奉太宗詔命主編有《太平御覽》、《太平廣記》、《文苑英華》（此三部書與宋真宗時期，王欽若主編的《冊府元龜》，合稱北宋四大部書）。

　　《文苑英華》是北宋太宗時代，仿效《昭明文選》，於太平興國七年，奉太宗敕令，由李昉主編修輯的文集，達一千卷的大部頭詩、賦、文、辭等選集；承接《昭明文選》，選材起自南朝梁末，歷陳、隋，而至唐末；保存了此年代時期的大量詩文精華。

　　按，著名的《昭明文選》是由南朝時代梁武帝蕭衍長子蕭統（昭明太子，三十一歲英年早逝）引納時賢文士所選編，自先秦至南朝宋、齊、梁時代的文體作品。至唐高宗李治顯慶年間，由學問淵博的賢士學者李善（630-689）為《昭明文選》作了注釋。

　　《宋史・列傳》有〈李昉傳〉，茲節錄摘要傳略如下：

　　　李昉，深州饒陽人。〔後〕漢舉進士，為秘書郎、直弘文館、右拾遺、集賢殿修撰。〔後〕周世宗覽奏，愛其辭理明白，益善昉詩而稱賞曰：「吾久知有此人矣。」擢為員外郎、知制誥、集賢殿直學士、翰林學士。宋〔太祖建隆〕初，加中書舍人、知衡州、直學士院。太宗即位，加戶部侍郎，受

詔與修《太宗實錄》；拜授工部尚書、文明殿學士、參知政事、平章事、加監修國史。昉年七十，以司空致仕，朝會宴饗，歲時賜與，益加厚焉。〔太宗〕至道元年正月望，上觀燈乾元樓，召昉賜坐於側，酌御酒飲之，自取果餌以賜。昉謂：「若今日四海清晏，民物阜康，皆陛下恭勤所致也。」上曰：「勤政憂民，朕以民安為樂爾。」因顧侍臣曰：「李昉事朕，入中書，未嘗有傷人害物之事，宜其今日所享如此，可謂善人君子矣。」〔道元〕二年，陪侍南郊，因拜舞仆地，掖之以出；臥疾數日，薨，年七十二。諡文正。昉和厚多恕，不念舊惡，在位小心循謹。昉所居有園亭別墅之勝，多召故人親友宴樂其中。有《文集》五十卷。

十七、韓　琦榜眼

韓琦（1007-1075），字稚圭，相州（屬今河南）安陽人，北宋仁宗天聖五年（1027）進士科第二名（榜眼）。時年二十歲。

韓琦風貌清秀優異，二十歲科舉考中進士唱名時，太史官上奏說：天上出現五彩雲彩，左右大臣都認為是祥瑞之兆而慶賀。

科中進士榜眼後，他先後任官淄州通判、入直集賢院，任右司諫，嚴正綱紀，親近忠臣，遠離小人；又任

知制誥；西夏元昊反叛逼近邊防，韓琦與范仲淹授拜擔任陝西經略安撫副使；仁宗慶曆二年（1042），升任陝西四路經略安撫使。他與范仲淹於此邊境長期帶兵防患，聲名威望顯赫，朝廷信任兩人為重臣；邊民流頌歌謠：「軍中有一韓〔琦〕，西賊〔西夏元昊〕聞之心寒；軍中有一范〔仲淹〕，西賊聞之破膽。」[7] 元昊請求向宋稱臣，韓琦因功召返升任樞密副使；又授拜為陝西宣撫使。

英宗嘉祐元年（1056），韓琦晉升樞密使，旋又加授同中書門下平章事、集賢殿大學士相職。

至宋神宗熙寧八年（1075），韓琦薨，享年六十八歲。

薨之前夕，有大隕星下落房前，馬槽內的馬都驚嚇到而哀鳴。神宗聞之，哀痛哭泣，停朝三天，賜銀三千兩，絹三千匹，帝又親篆碑文：「兩朝定策顧命元勳」，諡號忠獻。

韓琦英偉有盛名，臨事喜怒不現於臉上，評論者讚歎他的厚重像西漢周勃，政事好比唐代姚崇。

《宋史・列傳》有〈韓琦傳〉，謹節要摘錄其傳略：

> 韓琦，字稚圭，相州安陽人。琦風骨秀異，弱冠舉進士，名在第二。方唱名，太史奏日下五色雲見，左右皆賀。授通判淄州，入直集賢院，歷開封府推官，拜右司諫。正紀綱、親忠直、遠邪佞；

---

7 王鴻鵬、王凱賢、張蔭堂，《中國歷代榜眼》〈韓琦〉，頁 63。

知制誥、樞密直學士。慶曆二年，為陝西四路經略安撫。琦與范仲淹在兵間久，名重一時，人心歸之，朝廷倚以為重，故天下稱為「韓范」，而〔西夏〕元昊稱臣，琦召為樞密副使。琦與范仲淹、富弼皆以海內人望，同時登用，中外想其勛業，仲淹等亦以天下為己任。琦以資政殿學士知揚州、定州，兼安撫使；又進大學士，加觀文殿學士。〔英宗〕嘉祐元年，拜樞密使；同中書門下平章事、集賢殿大學士；又遷昭文館大學士、監修國史。神宗立，拜司空兼侍中，執政三世。神宗熙寧八年，薨，年六十八。前一夕，大星隕於治所，櫪馬皆驚。帝哀苑中，哭之慟。輟朝三日，賜銀三千兩，絹三千匹；篆其碑曰：「兩朝顧命定策元勳」，諡忠獻。琦早有盛名，識量英偉，臨事喜慍不見於色，論者以重厚比周勃，政事比姚崇。琦天資樸忠，折節下士，無貴賤，禮之如一。尤以獎拔人才為急，故得人為多。與富弼齊名，號稱賢相，人謂之「富韓」。論曰：琦相三朝，立二帝，安社稷，厥功大矣。歐陽修稱其「臨大事，決大議，不動聲色，措天下於泰山之安，可謂社稷之臣。」信哉！

十八、趙汝愚榜眼

　　趙汝愚，宋代皇族趙氏宗室，屬今江西餘干縣人；南宋孝宗乾道二年（1166）進士科第二名（榜眼）。

　　汝愚父親趙善應，擔任小官吏，為人篤厚至孝，他的母親驚怕雷聲，一聽到有雷聲響，就披衣陪伴，坐立不安。有一寒冷夜晚，他自遠方歸來，隨從正要敲門，他急忙制止說：不要驚嚇到我母親！就在門外露天席地坐到天明，家人開門後才進入家內。母逝，他整天俯首哭泣守制，聞有打雷聲，就旁立母側掉淚；守制結束後，一提及母親，都還淚流滿面；母親在兔年生他，孝心為了母難年，終身不吃兔肉。碰到饑荒，把家人該食用物品的一半，分吃給飢餓者；夏天不除草，冬季不破壞土壤，憂心百蟲之存活及冬季伏蟄期沒有躲藏處所，其宅心仁厚，愛屋及烏如此！有人稱讚說：「古君子也。」

　　趙汝愚從小就立下大志，常說：「大丈夫當留名青史，以不辜負此生。」科舉考上進士後，先後歷任節度判官、除秘書省正字、校書郎；遷著作郎、信州知州，又入為吏部郎兼太子侍講、集英殿修撰；又進直學士、成都知府、敷文閣學士；寧宗紹熙二年，升任吏部尚書、同知樞密院事；再升授參知政事、樞密使、右丞相。

　　大臣韓侂冑坐勢，忌妒汝愚，排擠疏劾貶置永州，至衡州病作，暴薨，天下聽聞都為他蒙屈伸冤；當時是

寧宗慶元二年。

　　汝愚務學實用，時常以司馬光、富弼、韓琦、范仲淹等賢相名臣自許；平常自師友聽聞張栻、朱熹、呂祖謙、胡銓、李燾等言行，都想循序實行；他自身奉養微薄，到任相職時，還是依然這樣。

　　等到韓侂冑被殺，朝廷盡復汝愚生前官職，賜諡忠定，贈太師。他有兒子九位，長子崇憲，天性也篤孝，父喪居制，只吃果實，至除喪都不飲酒吃肉。

　　論曰：自來大臣處在危疑時，能倖免於禍亂的很少。趙汝愚是宋皇室宗臣，在孝宗崩逝，光宗疾病之際，大喪無主，一時有大臣畏難離去的。汝愚奮不顧身，定大計於此刻，召集有明德人士，輔佐寧宗新政，朝內外親和治理，功勞盛大；可惜，不久卻被韓侂冑構陷入罪，貶斥而不再回來，天下人聽聞，為他蒙冤叫屈。

　　汝愚的父親以純孝聞名，兒子崇憲又能遵守家規盡孝道，所到之處都有恩惠政聲，可說世代皆有美德佳政。

　　《宋史‧列傳》有〈趙汝愚傳〉，茲摘要節錄其傳略：

　　　趙汝愚，居饒之餘干縣。父善應，官江西兵馬都監。性純孝，母畏雷，每聞雷則披衣走其所。嘗寒夜遠歸，從者將扣門，遽止之曰：「無恐吾母。」露坐達明，門啟而後入。母喪，哭泣嘔血，毀瘠骨立，終日俯首，聞雷猶起，側立垂涕。既終喪，言及其親，未嘗不揮涕。母生歲值卯〔兔〕年，

終其身不食兔。歲饑，旦夕率其家人輟食之半，
以飼飢者。夏不去草，冬不破壞，懼百蟲之遊且
蟄者失其所也。或稱之曰：「古君子也。」汝愚早
有大志，每曰：「丈夫得汗青一幅紙，始不負此生。」
擢進士，簽節度判官、除秘書省正字；孝宗見，
稱善，遷校書郎、著作郎、信州知州；升入為吏
部郎兼太子侍講、吏部侍郎、集英殿修撰、進直
學士；成都知府。寧宗紹熙二年，升為吏部尚書；
四年，授同知樞密院事；上又命參知政事、右丞
相。及〔韓〕侂冑恃功，疏劾抑擯，遂罷右相，
任觀文殿學士、知福州。侂冑忌汝愚益深，疏劾
重貶安置永州，汝愚怡然就道，至衡州病作，暴
薨，天下聞而冤之，時〔寧宗〕慶元二年。汝愚
學務有用，常以司馬光、富弼、韓琦、范仲淹自
期。凡平昔所聞於師友，如張栻、朱熹、呂祖謙、
胡銓、李燾之言，欲次第行之。自奉養甚薄，至
為相亦然。〔韓〕侂冑被誅，盡復〔汝愚〕元官，
賜諡忠定，贈太師。子九人，崇憲其長子也。崇
憲天性篤孝，居父喪，茹果實，終喪不飲酒食肉。
論曰：自昔大臣處危疑之地，而能免於禍難者蓋
鮮矣。趙汝愚，宋之宗臣也，方孝宗崩，光宗疾，
無主，一時大臣有畏難而去者矣。汝愚獨能奮不
慮身，定大計於頃刻，收召明德之士，以輔寧宗
之新政，天下翕然望治，其功可謂盛矣。然不幾

時，卒為韓侂胄所構，一斥而遂不復返，天下聞
而冤之。汝愚父以純孝聞，而子崇憲能守家法，
所至有惠政，亦可謂世濟其美者已。

第四章　明代著名狀元榜眼探花

一、黃　觀（許　觀）狀元

　　黃觀，（屬今安徽）貴池人。父親結婚娶親時，入贅許氏，遂從母姓許，早年又稱許觀。

　　受學於元末讀書人黃氏，因黃師死殉節操感召，許觀更加自我砥勵看齊。

　　朱明洪武年間，鄉貢試第一（解元）；二十四年，又科舉考試得禮部會試第一人（會元）及朝廷御試第一名（狀元），為明代兩位「連中三元及第」的第一位（另一位是明英宗正統十年的狀元商輅，留待後敘）。

　　科中狀元，明太祖皇帝甚喜，乃回復黃姓。授翰林修撰，旋升禮部右侍郎。惠帝建文初年（1399），與方孝儒等，受帝親為重用。

　　燕王朱棣因黃子澄、齊泰獻議惠帝削藩，舉兵南下號稱「靖難」之役。

　　黃觀接奉建文帝敕命起草詔書，嚴辭激勸燕王解散軍隊武器，入京謝罪。建文四年，南、北兩軍交戰激烈，黃觀又奉帝命招募軍隊「勤王」，增援皇都南京。循長江

而上，至安徽大城安慶，得知燕王軍隊已渡過長江，南京失守淪陷。

燕王下令公告顯現文職臣官罪狀，黃觀排名第六；命令相關人員追捕黃觀全家，收治黃妻翁氏與兩個女兒，翁氏把家內與身上金質髮夾首飾與手鐲送給來者去典換酒肉飯菜大吃；趁機跳入橋下投水致死殉節。

黃觀聽聞燕軍入京，皇城金川門已失守，感嘆說：「我的妻子重貞操，不受屈辱，必定死殉。」

又得知建文惠帝已遠遜，而燕王派來追捕的人已到，乃穿好朝服向東而拜，跳船投入湍流，為國死節殉身。

南明福王時，特諡文貞。

《明史‧列傳》有〈黃觀傳〉，僅節錄摘要其傳略：

> 黃觀，貴池人。父贅許，從許姓。受學於元待制黃氏。黃師死節，觀益自勵。洪武中，貢入太學；二十四年，會試、廷試皆第一。官禮部右侍郎，乃奏復姓〔黃〕。建文初，改官右侍中，與方孝儒等並親用。燕王起兵，觀草制諷其散軍歸藩，束身謝罪，辭極詆斥。〔建文〕四年奉詔募兵上游，且督諸郡兵赴援。至安慶，燕王已渡江入京師，下令曝文職奸臣罪狀，觀名在第六。命有司追捕，收其妻翁氏并二女。翁氏悉與釵釧持去市酒肴，急攜二女及家屬十人，投橋下死，觀聞金川門不守，歎曰：「吾妻有志節，必死。」朝服東向拜，

命舟投湍急處，死。

二、胡　廣（胡　靖）狀元

胡廣（1370-1418），江西吉水人，明惠帝建文二年（1400），科舉考中進士科第一名（狀元）。

他的父親胡子祺，在洪武三年（1370），以文學優異，被皇上選任御史，後出任廣西按察僉事、彭州知州，為官所到之處，民眾很讚美德政。

胡廣是子祺次子，惠帝建文二年朝廷御試，當時正在討伐燕王；胡廣在廷試對策時，有「親藩陸梁，人心搖動」語句，很合惠帝心意，乃親擢胡廣為第一名。

但建文帝認為「胡廣」姓名不好，含笑說：「北方敵人胡族的領土，能讓他們南下侵略而再廣闊狀大嗎？」遂親賜名「靖」，意指綏靖肅清敵人。

帝授胡廣翰林修撰；建文三年（1401），親藩燕王朱棣興兵南下，以「清君側」（黃子澄、齊泰等大臣建議削藩）而發動「靖難之役」，渡江進入京師皇城。

燕王登基即位，成為明成祖；胡靖與解縉等歸順迎附，帝擢為侍講、侍讀，又恢復名字「廣」。

永樂五年，升任翰林學士，兼左春坊大學士；皇上北征出巡，與大臣楊榮等追隨侍從。因胡廣擅長書法文字，皇上每次勒石銘記功勳，都敕令他書寫。

永樂十五年，拔升為文淵閣大學士；胡廣為官性格

細心守密，皇上所說的話及治理要務，出外不曾告訴他人，很能夠識大體。

永樂十六年五月，卒，年僅四十九；賜贈禮部尚書，諡文穆；明代文臣蒙得朝廷諡號，從胡廣開始。

明仁宗即位後，加贈胡廣少師。

《明史·列傳》有〈胡廣傳〉，茲節錄摘要其傳略：

> 胡廣，〔江西〕吉水人。父子祺，洪武三年以文學選為御史，後出為廣西按察僉事，改知彭州；所至，民甚德之。廣，其次子也。建文二年廷試，時方討燕，廣對策有「親藩陸梁，人心搖動」語，帝親擢廣第一，賜名「靖」，授翰林修撰。成祖即位，廣偕解縉迎附，擢侍講，改侍讀，復名「廣」。永樂五年，進翰林學士，兼左春坊大學士。帝北征，與楊榮從。廣善書，每勒石，皆命書之。十四年進文淵閣大學士。廣性縝密，帝前所言及所治職務，出未嘗告人，頗能持大體。十六年五月卒，年四十九；贈禮部尚書，諡文穆。文臣得諡，自廣始。仁宗立，加贈廣少師。

按，明成祖對胡廣與解縉說：「爾二人生同里〔江西吉水人〕，長同學，仕同官。縉有子，廣可以女妻之」。

於是，胡廣與解縉成為親家；又因解縉奉成祖之命，收輯先秦至明初圖書，於永樂元年至六年，纂修為中華

文史鉅著《永樂大典》流傳於世，故茲亦摘錄節要《明史·列傳》〈解縉傳〉，以饗讀者：

> 解縉，吉水人。洪武二十一年舉進士。授中書庶吉士，甚見愛重，常侍帝前。帝諭：「朕與爾義則君臣，恩猶父子，當知無不言。」縉即日上封事萬言；書奏，帝稱其才。成祖入京師，擢侍讀，命與楊士奇、胡廣、楊榮等並直文淵閣，預機務；內閣預機務自此始。尋進侍讀學士，奉命總裁《太祖實錄》。縉少登朝，才高，任事直前，表裏洞達。引拔士類，有一善，稱之不容口。然好臧否，無顧忌，廷臣多害其寵。五年，縉坐廷試讀卷不公，謫廣西布政司參議。永樂八年，縉奏事入京，值帝北征，縉謁皇太子而還。漢王言縉伺上出，私覲太子，徑歸，無人臣禮。帝震怒，逮縉下詔獄，拷掠備至。十三年，錦衣衛帥紀綱上囚籍。帝見縉姓名曰：「縉猶在耶？」綱遂醉縉酒，埋積雪中，立死；年四十七。籍其家，妻子宗族徙遼東。後仁宗即位，出縉所疏示楊士奇曰：「人言縉狂，觀所論列，皆有定見，不狂也。」詔歸縉妻子宗族。縉初與胡廣同侍成祖宴，帝曰：「爾二人生同里，長同學，仕同官；縉有子，廣可以女妻之。」廣頓首曰：「臣妻方娠〔懷孕〕，未卜男女。」帝笑曰：「定女矣。」已而果生女，遂約婚。縉敗，子

禎亮徙遼東，廣欲離婚。女誓曰：「薄命之婚，皇
上主之，大人面承之，有死無二。」及赦還，卒
歸禎亮。〔英宗〕正統元年，詔還所籍家產。〔憲
宗〕成化元年，復縉官，贈朝議大夫。

三、邢　寬狀元

邢寬，屬今安徽無為縣人，自幼聰穎，力學勤讀，
為明成祖永樂二十二年（1424）進士科第一名狀元。

他先在永樂十八年（1420）鄉試中，參加科舉考試
取得舉人；二十二年，進京參加會試得第七名。

同年接著朝廷殿試時，主考官初擬江西人孫曰恭為
第一甲第一人，邢寬排在第一甲第三人。

呈奏皇上閱卷，因古代文字直書豎行，「曰恭」兩字
近連看起來很像「暴」字，成祖皇帝感覺刺眼不悅；因
他的帝位是向侄子建文帝發動內戰奪取而來，接著又殘
暴殺害方孝儒、黃觀等文臣儒士，內心深處一直有「暴
君」心理陰影存在；接續翻看「邢寬」策對試卷，頷首
點頭微笑，又直覺已年老而帝位也久（已六十四歲，而
皇位至隔年永樂二十三年終止），要讓天下臣民感受皇帝
晚年「刑」（邢）法「寬」厚仁慈，就把邢寬擢為第一名
狀元，而把孫曰恭（初看成孫暴）降置第三（探花）；說：
「孫暴不如邢寬」。

邢寬考取科中狀元後，授翰林院修撰，後曾修纂《成

祖實錄》、《仁宗實錄》，成書有功，升為翰林院侍講；接後又修有《宣宗實錄》，於英宗宣統三年（1438）書成，加俸一級。

明代宗景泰三年（1452），升授翰林院學士，兼國子監事，景泰五年，卒於為官任上。

四、商　輅狀元

商輅（1414-1486），屬今浙江淳安人，是明英宗正統十年（1445）進士科第一名狀元。

據傳，他出生前夕，家裏前後響有絲竹諧奏悅耳美妙聲音，知府好奇召集府官探聽瞭解，得知昨夜商府誕生一個麟兒，知府說這是一個祥兆，[1]此嬰兒未來必定不凡。

明宣宗駕崩、英宗嗣位之際那年，商輅參加鄉試得取舉人第一名（解元）；正統十年（1445），他又參加科考，會試第一名（會元）及朝廷殿試第一名（狀元），連中三元及第，朝廷為之祝賀，鄉里感受榮耀。

他在科中狀元後，擢任翰林院修撰，豐姿英偉，皇上親派為展書官；隨後又任侍讀。

代宗景泰元年，進為翰林院學士；旋升兵部左侍郎，

---

1 周臘生，《明代狀元譜・奇談》，頁 121，〈商輅狀元伴樂而生〉；王鴻鵬、王凱賢、肖佐剛、張蔭堂，《中國歷代文狀元》，頁 278，〈商輅〉。

兼左春坊大學士，賜第南薰里。

憲宗成化四年，帝召進入京，擢為兵部尚書；久而又任戶部尚書兼文淵閣大學士；皇太子立，又加太子少保、吏部尚書；成化十三年，擢升謹身殿大學士相位。

他為人素簡，寬厚有容，但在臨大事決大議時，都能剛毅決斷。

大宦官汪直監督西廠，屢興大獄；商輅率同臣官條列汪直十一罪，帝命懷恩傳聖旨屬責。

商輅神情極嚴肅說道：「汪直不去，天下安得無危？」臣官也慷慨引義奏陳，懷恩等太監才屈服。正巧，九卿官員也彈劾汪直，乃撤掉西廠特務機關。

但汪直仍然蒙受皇上寵幸，再誣陷商輅且指使御史戴縉又歌頌汪直功勞，請求恢復西廠，商輅乃強力求去，六十三歲時，功成名退。帝詔命加授少保，並賜驛馳護送歸鄉養老。

商輅退休歸鄉，身心仍健，就想擔任啟蒙塾師教育孩童；適巧有一位富翁要為幼子延請啟蒙老師；商輅自稱老秀才接聘，得知大富翁為孩子也請來三位出身舉人文士傳授。

有一天，主人為母祝壽宴客，殷勤招待三位舉人，卻簡慢「老秀才」，幼子就直接迎領老師進入大廳且請坐首席上位。

三位舉人悶在心裏，直問：「老秀才，你今生坐過首席位子？」商輅回答有五回：第一回是在婚聘娶妻時，

岳父大人禮請上座首席；三位舉人瞬間輕笑！第二回是考中舉人，受邀「鹿鳴宴」首席，三位舉人驚異，臉色變了！第三回會試第一（會元），蒙受「瓊林宴」首席；第四回是朝廷御試第一名（狀元），皇帝「恩榮宴」賜坐首席；第五回是去年致仕歸鄉前，皇上特宴並招待群臣，又蒙帝恩陪坐首席。

　　賓客都睜大眼睛，三位舉人更是臉紅低下了頭，而富翁主人連忙起身道歉失禮，叩拜再三。[2]

　　商輅叩謝皇上賜敕驛馳護歸返鄉時，大臣劉吉看見商輅子孫環立陪侍，皆賢良；讚歎說：「我與您同事多年，沒看過在您筆下妄殺一個人，所以上天也賜您福報恩厚。」家居再過十年，離世，享年七十三；朝廷賜贈太傅，諡文毅。

　　《明史‧列傳》有〈商輅傳〉，謹摘錄節要其傳略：

> 商輅，淳安人。舉鄉試第一。正統十年，會試殿試皆第一。除修撰。輅豐姿英偉，帝親簡為展書官。入內閣，參機務。進侍讀，景泰元年，進學士。又進兵部左侍郎，兼左春坊大學士，賜第南薰里。〔明憲宗〕成化四年，尋進兵部尚書。久之，進戶部尚書，兼文淵閣大學士。皇太子立，加太子少保，進吏部尚書。十三年，進謹身殿大學士。

---

2 周臘生，《明代狀元譜‧奇談》，頁95，〈商閣老坐席〉。

輅為人，平粹簡重，寬厚有容；至臨大事，決大議，毅然莫能奪。中官汪直之督西廠也，數興大獄。輅率同官條〔汪〕直十一罪。帝命太監懷恩傳旨，詰責屬甚。輅正色曰：「直不去，天下安得無危？」萬安、劉吉亦俱對，引義慷慨，〔懷〕恩等屈服，是日遂罷西廠。直雖不視廠事，寵幸如故。而御史戴縉復頌直功，請復西廠，〔商〕輅遂力求去。詔加少保，賜敕馳傳歸。及謝政，劉吉見其子孫林立，歎曰：「吉與公同事歷年，未曾見公筆下妄殺一人，宜天之報公厚。」居十年卒，年七十三。贈太傅，諡文毅。

五、康　海狀元

康海（1475-1540），號對山，屬今陝西武功人，明孝宗弘治十五年（1502）進士科第一名狀元，當時他才二十七歲。

康海聰穎好讀書，博覽群書，文思泉湧，唯性格狂傲不拘，常品評批議當時文士，遭忌很多。

他和當代才子李夢陽、何景明、徐禎卿、王九思等七位相遊唱和，稱名一時，中華文學史上號稱「明前七子」；（之後，又有以李攀龍、王世貞為首的「明後七子」。）

康海在科舉考試掄中狀元後，授翰林修撰，當史官，

先後纂修有《憲宗實錄》、《孝宗實錄》。

他自入仕到罷官，因個性與人格特質，都授任同一官職，即做了八年的翰林院修撰。

明武宗正德年間，大宦官劉瑾亂政，植黨營私，因康海與他是陝西同鄉，慕其才學想拉攏為己黨造勢，起先康海不願意合流。

後來知交好友李夢陽為文譏劾大太監劉瑾，惹怒劉瑾引致入獄；獄中，夢陽書寫片紙求送康海：「對山（康海別號）救我！」

康海為了知己活命，自認「我委屈一下求謁劉瑾，而因此存活夢陽，後世文人會稱許我。」遂即至劉瑾府邸拜謁，劉瑾特別高興，竟然倒鞋迎接，尊請上座。

當時武宗昏庸，鮮理朝政，大權旁落在司禮監大太監劉瑾手上。

第二天，李夢陽果然得釋出獄。

正德五年（1510），劉瑾坐事敗，康海當年三十五歲，也被列入黨羽而受牽連，削落官職為民。

《明史列傳》有〈康海傳〉，茲節錄摘要其傳略：

康海，〔陝西〕武功人。〔武宗〕弘治十五年殿試第一，授修撰。與〔李〕夢陽輩相倡和，訾議諸先達，忌者頗眾。〔武宗〕正德初，劉瑾亂政。以海同鄉，慕其才，欲招致之，海原不肯往。會夢陽下獄，書片紙招海曰：「對山救我。」對山者，

　　海別號也。海乃謁瑾，瑾大喜，為倒屣迎。海因
　　設詭辭說之，瑾意解，明日釋夢陽。踰年，瑾敗，
　　海坐黨，落職。

　　因康海知交好友李夢陽、何景明、徐禎卿、王九思
等「明前七子」在中華文學史上有盛名，佔有一席之地，
而以上四位，《明史・列傳》也有傳，爰因康海而亦簡略
其傳：

　　李夢陽，弘治六年舉陝西鄉試第一，明年成進士，
　　授戶部主事。武宗時，劉瑾用事，下夢陽獄，將
　　殺之，康海為說瑾，乃免。夢陽既家居，治園池，
　　招賓客，名震海內。與何景明、徐禎卿、康海、
　　王九思、邊貢、王廷相號稱七才子。迨嘉靖朝，
　　李攀龍、王世貞出，天下推李、何、王、李為四
　　大家。何景明，信陽人，弘治十一年舉於鄉，十
　　五年第進士，授中書舍人，與李夢陽輩倡詩古文。
　　景明志操耿介，尚節義，有國士風。因疾卒，年
　　三十有九。徐禎卿，吳縣〔蘇州〕人，與里人唐
　　寅〔伯虎〕善，寅言之沈周，由是出名。舉弘治
　　十八年進士。禎卿少與祝允明、唐寅、文徵明齊
　　名，號「吳中四才子」，又與李夢陽、何景明游。
　　惜不永年，卒歲二十有三。王九思，弘治九年進
　　士。由庶吉士授檢討、尋調吏部郎中，亦以瑾黨

謫壽州同知，復被論，勒致仕。〔康〕海、九思同
以瑾黨廢。九思嘗費重賞購樂工學琵琶，〔康〕海
搊彈尤善。

六、楊　慎狀元

楊慎（1488-1559），號升庵，屬今四川新都人，明
武宗正德六年（1511）進士科第一名狀元，當時年僅二
十四歲。

他是楊廷和大學士之子，自幼聰穎好學，反應神速，
人稱「神童」。十五、六歲時，隨父於北京都城朝廷，值
寒冬取暖，見黑木炭已火紅漸成灰白，武宗弘治帝見景
生情，一時興來，吟道：「炭黑火紅灰似雪」，提議眾卿
對聯，當下群臣低頭沉思之際，小楊慎居然吟對：「谷黃
米白飯如霜」；皇帝暨眾臣拍案叫絕，讚賞「聰明過人，
青出於藍」。

在他考上文狀元後，有一次搭櫓木划船巧遇另一武
狀元所搭的較快帆船；武狀元有意考考文狀元，即出上
聯：「二舟同行，櫓速（三國魯肅文臣）那及帆快（漢初
樊檜武將）？」文思敏捷的楊慎後來對聯：「八音齊奏，
笛清（北宋武將狄青）怎比簫和（西漢文臣蕭何）？」[3]

楊慎在正德六年朝廷殿試，科舉考中狀元，即授翰

3　周臘生，《明代狀元譜・奇談》，頁 81-83，〈小楊慎巧對弘治帝〉；
　　與〈文武狀元的妙對〉。

林修撰史官；十二年八月，因武宗微服浪游出行，楊慎急疏切諫；不久，引疾歸鄉。

世宗嘉靖嗣位，召回充當講官。嘉靖三年，升為翰林學士，曾與修《武宗實錄》，事必直書，不避諱偏袒迴護。又因學術議論與帝所納大臣觀點互異，尤其因世宗皇上執意批判「大禮」議題，楊慎與臣僚三十六位上奏，願賜罷歸；皇帝閱奏怒責。未久，又與學士疏諫皇上於朝門，帝震怒，議下詔獄，因此楊慎等搖動廷門痛哭，聲音響徹殿廷，皇上愈加憤怒，就下詔悉獄，廷杖、謫戍削籍；楊慎遭貶放遠戍雲南永昌衛。

挾病馳往萬里之外荒地，舟車奔波勞累；極疲憊，到達戍衛處所，幾乎無力起來。

嘉靖五年，馳聞父親廷和病疾，快馬回家探問。父與團圓欣喜快慰，疾病痊癒。八年，突接聞父親喪訃，奔歸葬，再回永昌。

從此，或回家鄉四川新都探望，或居留雲南永昌戍所，終其生竟未得赦免，計被貶謫流放三十五年，哀哉！

及年七十，依例可歸休，回蜀；旋遭逮捕再回雲南，至世宗嘉靖三十八年七月卒，年歲七十二。

楊慎自幼機敏，十一歲即能詩，十二歲擅作文；入京，進士文學家李東陽遇見賞識有加。

他在晚年，悲憤地寫下一首〈感懷詩〉：「七十餘生已白頭，明明律例許歸休，巴江叟為滇海囚，泉下傷心

也淚流。」[4]

　　楊慎好學，於書無所不讀，一生勤於詩文著述，終明之世，以學識之淵博，涉獵之廣泛者，當代無人能比。

　　穆宗嘉慶初年，賜贈光祿少卿；熹宗天禧年間，又追諡文憲。

　　《明史‧列傳》有〈楊慎傳〉，謹摘錄節要其傳略：

　　　楊慎，〔屬今四川〕新都人，少師廷和子也。年二十四，舉正德六年殿試第一，授翰林修撰。十二年八月，武宗微行，始出居庸關，慎抗疏切諫；尋引疾歸。世宗嗣位，起充講官。嘉靖三年，召為翰林學士，慎偕同列三十六人上言：「臣等學術議論所執，今陛下不以為是，願賜罷斥。」帝怒，切責。踰月，又疏諫，偕廷臣伏「左順門」力諫，帝震怒，命下詔獄；於是慎等撼門大哭，聲徹殿廷。帝益怒，悉下詔獄，廷杖，慎謫戍雲南永昌衛。扶病馳萬里，憊甚。抵戍所，幾不起。五年聞〔父〕廷和疾，馳至家；廷和喜，疾癒；還永昌。八年聞廷和訃，請獲歸葬，葬訖復還。自是，或歸蜀，或居雲南戍所；及年七十，還蜀，巡撫遣四指揮逮之還。嘉靖三十八年七月卒，年七十

4 王鴻鵬、王凱實、肖佐剛、張蔭堂，《中國歷代文狀元》，頁310~311。

有二。慎幼警敏，十一歲能詩，十二作文；入京，李東陽見而賞。慎與修《武宗實錄》，事必直書。既投〔滇〕荒多暇，書無所不覽，嘗語人曰：「資性不足恃，日新德業，當自學問中來。」故好學窮理，老而彌篤。世宗以議禮故，惡其父子特甚。明世記誦之博，著作之富，推慎為第一。〔楊升庵〕詩文外，雜著至一百餘種，並行於世。〔穆宗〕隆慶初，贈光祿少卿。〔熹宗〕天啟中，追謚文憲。

七、秦鳴雷狀元

秦鳴雷（1518-1593），屬今浙江臨海人，明世宗嘉靖二十三年（1544）進士科第一名狀元，時年二十六歲。

他先於嘉靖二十二年（1543）參加科中省試舉人，隔年考上進士。朝廷殿試畢，主考官閱卷大臣為禮部尚書兼學士，張潮原擬為第三名；第一名卷子拆開糊名密封，姓名吳情，奏報皇上，明世宗初聞此姓名感覺刺耳，不文雅；心裏不悅說道：「什麼？無情之人，豈能擢拔為榜首第一名狀元！」又因祈雨而昨夜夢聞打雷鳴響，即敕令考官找卷子姓名帶有「雷」字者，封建科舉時代，皇帝專制作主，無奇不有，居然找到一位秦鳴雷的卷子，且策對佳作，皇上格外驚喜，遂擢為第一名狀元，而把吳情（無情）降置第三探花。因此，考場之外竟悄悄流傳有打油詩：「無情探花無情帝，鳴雷狀元揀便宜。」

秦鳴雷科中狀元，即授翰林修撰史官；嘉靖三十一年，授拜國子監祭酒；四十一年，遷禮部右侍郎，旋升左侍郎兼翰林學士；穆宗隆慶五年（1571）先任禮部侍郎，尋升授禮部尚書。

神宗萬曆元年（1573），因看盡官場險惡百態，厭煩宮中互相爭權陋習，祈請致仕退隱；從此遊山玩水旅行名勝，家居二十年後，卒，享年七十六歲；入祀鄉賢祠。

八、焦　竑狀元

焦竑（1541-1620），號澹園，（屬今江蘇）江寧（南京）人，明神宗萬曆十七年（1589）進士科第一甲第一名狀元。

他出身書香家庭，為諸生秀才時，即富盛名；嘉靖四十三年（1564），參加科舉考試科中舉人；至萬曆十七年考上狀元，年已四十九歲。

科中狀元及第，依照慣例擢授翰林院修撰當史官，並被選為皇長子講官，竭誠啟發皇太子提問，東宮稱善。

萬曆二十五年（1597），焦竑主持順天府鄉試，所取舉人有九位的文章內多險誕語句，遭致彈劾而貶放（福建）福寧州同知（州府副首長）；隔年，考核政績又被趁機降級，他就辭官歸鄉，前後任官九年；後專事文史著述，出類拔粹自成一家，學者尊稱澹園先生。

焦竑博覽群書，無所不涉，自經史至稗官野史、雜

說，廣泛貫通，著文典雅，成為行家學者；名著《國史經籍志》、《獻征錄》、《澹園集》留傳於世。

萬曆四十八年（1620）卒，享年八十歲。

明熹宗天啟年間，以神宗朝講讀有恩，贈諭德；南明福王弘光年，追諡文端。

《明史·列傳》有〈焦竑〉傳，茲節要摘錄其傳略：

> 焦竑，江寧人；為諸生，有盛名。舉嘉靖四十三年鄉試；萬曆十七年，始以殿試第一人官翰林修撰，益討習國朝典章；二十二年，撰《經籍志》。竑為皇長子講官，竭誠啟迪。二十五年主持順天鄉試，舉子九人文多險誕語，竑被劾，謫福寧州同知；歲餘，竑遂不出。竑博極群書，自經史至禪官、雜說，無不淹貫。善為古文，典正馴雅，卓然名家。集名澹園，竑所自號也。萬曆四十八年卒，年八十。熹宗時，以先朝講讀恩，贈諭德。福王時，追諡文端。

九、文震孟狀元

文震孟（1574-1636），南直隸吳縣（屬今江蘇蘇州）人，先世祖籍湖南衡山；明熹宗天啟二年（1622）進士科第一甲第一名狀元。

震孟的曾祖父文徵明（1470-1559），是明代「吳門

（蘇州）四大畫家」（沈周、文徵明、唐寅伯虎、仇英）之一；祖父文彭，父文發任過同知，弟文震亨，都以道德詩文，名聞於時。

文震孟出自書香門第望族大家，自幼聰明好學，擅長詩文，家庭薰陶教養，人品剛正高潔。二十歲時科中舉人；唯至四十九歲始中科舉進士，金榜題名掄為狀元，大魁天下。

依慣例初授翰林修撰，時值內侍大宦官魏忠賢坐勢用事，把持朝政，外廷呼應而屢次厲斥貶謫大臣。

文震孟憤慨，於是上疏進諫皇上略謂：「今朝廷四方多變故，卻因循粉飾太平，跪拜起立如儀，像傀儡木偶登堂上場罷了！列祖列宗朝上，君臣相互對待，應像家人父子。假若只是尊嚴像神，君臣上下拱手為禮，長跪一諾，北面一揖；於是危如山、海，苟且偷安之陋習，撫臣卻坐視不問，不疏諫給予嚴詞譴責，濁流營私，唐末可為前車之鑑。」

上疏奏入，魏忠賢竟然摒棄不奏。趁皇上觀賞戲劇時，故意摘取疏中「傀儡登場」語句，說是把皇上比喻為木偶人，不殺震孟無以示眾天下，皇帝居然點頭同意忠賢惡意斷章取句。

魏忠賢大太監傳皇上旨意，朝上廷杖震孟八十大板。

朝中正副宰輔、庶吉士、言官力爭論救，不受接納；震孟憤而歸鄉；後又被斥為民。

思宗崇禎元年，以侍讀召回，改遷講官。震孟在講席上，非常嚴正授課。有一次，皇帝把一隻腳加擱於另一膝上，剛好講到有「為人上者，奈何不敬」語句，就用眼睛直看皇帝的腳，皇上急忙用長袖掩蓋住腳，再慢慢把腳抽回放下，當時人稱呼文震孟為「真講官」。

因文震孟為官剛正不屈，既常違逆權大佞臣，想要避世離去；貶知封益府，就順道回鄉，再不回朝。

當初，熹宗天啟年間，詔令撰修《光宗實錄》，禮部侍郎直書史實，不偏袒而曲意附和；魏忠賢就指使黨羽重修，顛倒是非；文震孟即摘出幾條特別荒謬的，上疏祈請改正。

崇禎八年七月，皇帝特別拔擢文震孟為禮部左侍郎兼東閣大學士，入閣參與朝政，兩次上疏堅決辭去，皇上不允許。可惜上任才三個月，因個性剛正堅貞，就被排斥而不再重用。

歸鄉半年，碰到愛甥去世，哀慟大哭，竟然悲傷過度也因此離世，得年六十三歲。

崇禎十五年，回贈禮部尚書，賜祭典；南明福王時，追諡文肅。

《明史·列傳》有〈文震孟傳〉，茲節錄摘要其傳略：

> 文震孟，吳縣人，待詔徵明曾孫也。祖，彭；父，同知元發，並有名行。震孟弱冠舉於鄉。至天啟二年，殿試第一，授修撰。時魏忠賢漸用事，外

廷應之，數斥逐大臣。震孟憤，於是上疏，言：「今四方多故，因循粉飾，引奏跪拜起立，如傀儡登場已耳。若僅長跪一諾，北面一揖……祖宗之朝，君臣相對，如家人父子。若僅尊嚴如神，上下拱手，徒循故事，唐末可為前鑒。」疏入，忠賢屏不即奏。乘帝觀劇，摘疏中「傀儡登場」語，謂比帝於偶人，不殺無以示天下，帝領之。忠賢傳旨，廷杖震孟八十。首輔次輔力爭，會庶吉士疏復入，言官交章論救，不納。震孟不赴調而歸。崇禎元年以侍讀召，充講官。震孟在講筵，最嚴正。帝嘗足加於膝，適講至「為人上者，奈何不敬」，以目視帝足。帝即袖掩之，徐為引下；時稱「真講官」。既忤權臣，欲避去，出封益府，便道歸，遂不復出。初，天啟時，詔修《光宗實錄》，禮部侍郎直筆無所阿。其後忠賢使其黨重修，是非倒置。震孟摘尤謬者數條，疏請改正。八年七月，帝特擢震孟禮部左侍郎兼東閣大學士，入閣預政。兩疏固辭，不許。震孟剛方貞介，有古大臣風。惜三月而斥，未竟其用。歸半歲，會甥卒，哭之慟，亦卒。十五年贈禮部尚書，賜祭。福王時，追諡文肅。

又，文震孟曾祖文徵明，史列「明吳門四大畫家」之一，《明史‧列傳》〈文苑三〉亦有傳：

文徵明，長洲人，別號衡山；父，文林，溫州知府。徵明稍長，穎異挺發，學畫於沈周，父友也。又與祝允明、唐寅、徐禎卿輩相切磋，名日益著。正德末，〔武宗〕奏授翰林院待詔。世宗立，預修《武宗實錄》，侍經筵，歲時頒賜。而是時專尚〔科舉〕科目，徵明意不自得，連歲乞歸；後復乞歸益力，乃獲致仕〔歸鄉〕。四方乞詩文書畫者，接踵於道。外國使者道經吳門，望里肅拜，以不獲見為憾恨，文筆遍天下。嘉靖三十八年卒，年九十矣。長子〔文〕彭，彭孫震孟，自有傳。

十、王　艮榜眼

　　王艮（1368-1402），江西吉水人，明惠帝建文二年（1400）胡廣榜進士科第二名（榜眼），時年三十三歲。

　　他先在前一年的建文元年（1399），參加科舉考試取得鄉試第一名解元；第二年進京投入會試及朝廷殿試策對最優，主考官原擬第一名，然惠帝竟嫌其貌不揚，而改擢相貌儀表堂皇的胡廣為第一狀元，王艮被屈置第二榜眼。

　　唯惠帝將王艮與胡廣皆授翰林院修撰（依慣例，第一甲第二與第三人授翰林院編修）；參與撰修《太祖實錄》。

　　燕王朱棣舉兵南下發動「靖難」之役，王艮驚心憂

慮，寢食難安；到了建文四年（1402），燕軍逼進南京城畿，王艮竟對妻子泣別曰：「為官食人之俸祿的，遇到國難，只能死節盡忠，我不能再苟生殘存了！」

建文惠帝南京皇城淪陷前一晚，解縉、胡廣（胡靖）、王艮，因與吳溥比鄰居住，而至吳溥家中集議危難時局情勢；解縉、胡靖都慷慨激烈陳述意見，唯獨王艮靜默無言，獨自傷心流淚。三人離開後，未久，聽聞王艮家裏傳來大哭聲響，得知他已飲下毒酒為國身殉死節盡忠了。

皇上惠帝聽聞王艮已為他服毒殉節死難情事，心裏激動不已，特派重用近臣黃觀代表前往王宅致諭弔祭（黃觀不久也在燕王進入皇城金川門即位後，為建文惠帝而殉國死節）。

南京都城淪陷那天，解縉、胡廣卻急忙出迎歸附燕王新帝，後為永樂皇朝重臣。

王艮盡忠死難全節後，至南明福王朱由崧弘光年，追諡文節。

《明史‧列傳》有〈王艮傳〉，此摘錄節要其傳略：

> 王艮，〔江西〕吉水人。〔惠帝〕建文二年進士。
> 對策第一。貌寢，易以胡靖，即胡廣也，艮次之。
> 並授修撰，設文忠館居之。預〔與〕修《太祖實
> 錄》；一時大著作皆綜理之，數上書言時務。燕兵
> 薄京城，艮與妻子訣曰：「食人之祿者，死人之事，

吾不可復生矣。」解縉、吳溥與艮、靖比舍居。
城陷前一夕，皆集溥舍。縉陳說大義，靖亦奮激
慷慨，艮獨流涕不言。三人去，須臾艮舍哭，飲
鴆死矣。而縉馳謁，成祖甚喜。明日薦靖，召至，
叩頭謝。

十一、吳偉業榜眼

　　吳偉業（1609-1672），號梅村，江蘇太倉人；明思
宗崇禎四年（1631）進士科第一甲第二名榜眼，時年二
十三歲。

　　吳偉業祖先輩是昆山、太倉一帶大家望族，因世家
熏陶教育，他自小即富才學。

　　崇禎三年（1630），他參加科舉考試，鄉試考中舉人；
第二年，又科中禮部會試第一名（會元）；再於朝廷殿試
策對，取得第一甲第二名榜眼，依照通常慣例，擢授翰
林院編修。

　　至崇禎十一年（1638），升任國子監司業；十三年，
又升為中允諭德；十六年，再升任庶子等官名職務。

　　崇禎十七年（1644），思宗自縊煤山（今稱景山），
國變明亡。

　　隔年，吳偉業受任南明弘光福王詹事府少詹事。

　　清世祖順治九年（1652），受推薦，帝召入京擢授秘
書院侍講，充修《太祖（努爾哈赤）聖訓》《太宗（皇太

極）聖訓》纂修官；十三年（1656），升任國子監祭酒；他事母非常孝順，隔年，因慈母逝世而辭官歸鄉。至清聖祖康熙十年（1671）病卒，得年六十四歲。

　　吳偉業家學淵源，精通經史、朝章國故，尤以詩文與歷史劇作，咸認明末清初一大家。因至孝，有感於生不逢時於國變之際，而無以依親侍養，常自俯仰傷心；又以背明仕清失節為憾恨。

　　他著有《（吳）梅村集》留傳於世。

　　《清史稿・列傳》（文苑一）有〈吳偉業傳〉，茲節錄摘要其傳略：

> 吳偉業，太倉人。明崇禎四年進士，授編修。充東宮講讀官，再遷左庶子。弘光時，授少詹事。順治九年，用兩江總督薦，詔至京。侍郎、大學士相繼論薦，授祕書院侍講，充修太祖、太宗聖訓纂修官。十三年，遷祭酒。丁母憂歸。康熙十年，卒。偉業學問博贍，或從經史及朝章國故，無不洞悉原委。詩文工麗，蔚為一時之冠。性至孝，生際鼎革，有親在，不能不依違顧戀，俯仰身世，每自傷也。臨沒顧言：「吾一生遭際，萬世憂危，無一時一境不歷艱苦。」著有《梅村集》。

十二、黃子澄探花

　　黃子澄（1350-1402），江西分宜人，明太祖朱元璋洪武十八年（1385）進士科第三名探花，時年三十五歲。

　　他先於一年前的洪武十七年，參加江西科舉考試，取得舉人資格；第二年參與禮部會試科中第一名會元，再考中朝廷殿試策對第一甲第三名探花，依例初授翰林院編修，擔任史官；任滿後，擢升修撰，為東宮太子伴讀近臣，累官遷至太常寺卿。

　　太祖崩於洪武三十一年（1398），皇太孫建文惠帝朱允炆登基即位，諸藩王叔內有不甘，或不服氣。先前，皇太孫即曾密見黃子澄曰：「諸王都是我的叔輩尊長，且擁有重兵，如其多行不法，我該如何辦？」子澄對答：「諸王叔只有自守護衛軍，倘有事變，只要朝廷派六師大軍去平亂，他們誰又可抵擋支撐？」又舉西漢景帝時的諸藩王「七國之亂」，旋為太尉周亞夫（西漢惠帝太尉、文帝右丞相周勃之子）所平定的史實故事給皇太孫聽，皇太孫聞之心安，贊同他的話。

　　及皇太孫即位，改年號建文，是為明惠帝；詔令子澄兼任翰林學士，與兵部尚書齊泰一起共同參與朝政。

　　皇上提醒子澄憶起當年密談話語，子澄叩頭回答：「不敢忘。」乃退下與齊泰合謀「削藩」之議；第二天就入朝奏報皇上，皇帝稍有猶豫不決，黃子澄更說：「成

大事者，先發制人，不要後發而為人所制。」

過沒多久，燕軍興兵起事，燕王涕泣對武將文官誓言：「陷害削平諸王，不是皇上本意，乃是奸臣齊泰、黃子澄的擅自提議作為。」

燕王朱棣自北京率軍直下南京皇城，至建文四年（1402），攻入天子京畿金川門，帝城淪陷。

燕王登基即位，改建年號永樂，是為明成祖。

成祖詔令快速捉拿黃子澄，子澄旋遭人告發，被拘捕；成祖親自責問，子澄抗辯不被屈辱，成祖大怒，命人砍截子澄手、腳，再肢解身體而亡；卒年五十三歲。

子澄親族無分少長都受斬，姻親外族都發配邊疆守衛。

《明史‧列傳》有〈黃子澄傳〉，此節要摘錄其傳略：

黃子澄，〔江西〕分宜人。洪武十八年會試第一。由編修進修撰，伴讀東宮，累遷太常寺卿。惠帝為皇太孫時，嘗謂子澄曰：「諸王尊屬擁重兵，多不法，奈何？」對曰：「諸王護衛兵自守，倘有變，臨以六師，其誰能支？」漢七國〔之亂〕，卒底亡滅。太孫是其言。比即位，命子澄兼翰林學士，與齊泰同參國政，帝謂曰：「先生憶昔之言乎？」子澄頓首曰：「不敢忘。」退而與泰謀，削諸王藩謀定，明日入白帝。帝猶豫，子澄對曰：「先人者制人，毋為人制。」未幾，燕師起，王泣誓將吏

曰：「陷害諸王，非由天子意，乃奸臣齊泰、黃子澄所為也。」始帝信任子澄與泰，驟事削藩。兩人本書生，兵事非其所長。及燕兵漸南，帝復召子澄，未至而京城陷。又欲謀舉事，為人告，被執。子澄至，成祖親詰之。抗辯不屈，磔死。族人無少長皆斬，姻親悉戍邊。

又，因齊泰「與子澄同參國政，謀定削諸王藩」，而《明史‧列傳》亦有〈齊泰傳〉，乃再摘要節錄其傳略如下：

齊泰，洪武十七年舉應天鄉試第一〔解元〕；明年成進士。歷禮、兵二部主事。二十八年，以兵部郎中擢左侍郎。皇太孫素重泰，及即位，命與黃子澄同參國政，尋進〔兵部〕尚書。先是，帝為太孫時，諸王多尊屬，擁重兵，患之，至是因密議削藩。建文元年七月，燕王舉兵反，師名「靖難」，指泰、子澄為奸臣。事聞，泰請削燕屬籍，聲罪致討，定議伐燕，布告天下。時太祖功臣存者甚少，及屢敗，進退失據。迫燕兵日逼，京城不守。泰遂被執赴京，同子澄、方孝儒不屈死。泰從兄弟皆坐死，叔等謫戍。

十三、孫曰恭探花

　　孫曰恭，江西豐城人，明成祖朱棣永樂二十二年（1423）邢寬榜進士科第一甲第三名探花。

　　他先於前一年的永樂二十一年（1422）參加科舉考試的鄉試，科中舉人；第二年參加會試及格通過；朝廷殿試時，主考官初擬為第一甲第一名；唯呈奏皇上，拆閱糊名彌封時，因古代中文直書豎行，「孫曰恭」三個字寫得貼近，直看很像「孫暴」；皇帝心裏不悅，板起臉色說：「名字叫暴的人，怎能拔擢為第一名狀元？」又在主考官所呈閱的卷子中，拆封見有「邢寬」者，就說：「孫暴不如邢寬！」

　　按，成祖那年已六十四歲，而後來永樂至隔年的廿三年（1424）終止；成祖皇帝或有感於剛即位初年，殺害過方孝儒、黃子澄、齊泰甚至黃觀等殘「暴」往事，而臨老有意刑（邢）法「寬」大為政，遂定擢邢寬為第一甲第一名狀元，而讓孫曰恭屈置第三名探花。

　　孫曰恭科中探花後，依照慣例擢授翰林院編修；宣宗朱瞻基宣德五年，升任翰林院修撰。英宗朱祁鎮正統三年時，因修撰《宣宗實錄》完成，有功，升為翰林院侍讀。

　　孫曰恭為人端正，學行篤實，頗受當時三位大學士兼內閣宰輔「三楊」（楊士奇、楊榮、楊溥）的賞識器重。

十四、吳 情探花

吳情（1503-1574），屬今江蘇無錫人，明世宗朱厚熜嘉靖二十三年（1544）秦鳴雷榜進士科第三名探花。

吳情早於嘉靖十年（1531）參加科舉考試，鄉試科中舉人；後來通過會試而在朝廷殿試中，得取第三名。

原先該年殿試，主考官閱卷大臣本擬吳情為第一甲第一名狀元，待奏呈皇上，拆開糊名彌封，世宗皇帝看到考子姓名吳情，內心不悅，臉色一變說道：「無（吳）情之人，豈能拔擢為榜首狀元而到朝廷任官！」又說：朕昨日祈雨，夜里就夢見有雷聲鳴響。因此，令考官們查詢遍閱進士姓名，居然給找到一位秦鳴雷的姓名卷子；於是，世宗就特別拔擢他為第一甲第一名狀元，而把吳（無）情降置第三名探花。傳聞，當時事後在考場外流傳了一句打油詩：「吳（無）情探花無情帝，鳴雷狀元揀便宜。」

吳情科中第三名探花，依例授任翰林院編修，後歷遷右春坊右諭德、翰林院侍讀等官名職務。

嘉靖四十年（1561），世宗諭命吳情為應天府考官，他被彈劾有意偏袒家鄉無錫應試舉子，遭貶遠放；官場的糾彈不得意，讓他決意退休歸隱。

吳情歸鄉後，設置義田供給衣食財物贍養族人，親自教育家鄉子弟求學，享年七十二歲。

十五、錢謙益探花

　　錢謙益（1582-1664），號牧齋，屬今江蘇常熟人，明神宗朱翊鈞萬曆三十八年（1610）進士科榜上第一甲第三名探花，時年 28 歲。

　　他出身於詩文傳家的書香門第，先於萬曆三十四年（1606）參加科舉考試得鄉試第三名；後在朝廷殿試科中第三名探花，依慣例擢授翰林院編修，擔任史官。

　　明熹宗天啟元年（1621），授任浙江鄉試主考官，遷右春坊右中允，奉諭修纂《神宗實錄》，後遭御史彈劾而歸還鄉里。

　　明思宗崇禎元年（1628），又被召回進京，幾個月後，升為禮部右侍郎。旋又遭奸臣溫體仁賄謀張漢儒誣陷，而被捕入獄。獄中求救魏宗賢黨羽司禮太監曹化淳；張漢儒遭受刑斃，溫體仁稱病離職，而謙益雖得出獄，卻也遭革職返鄉。

　　崇禎十三年（1640），錢謙益結識出身煙花風月卻聰慧靈巧艷麗的南京秦淮河畔四位（柳如是、李香君、董小宛、陳圓圓等）號稱「秦淮四艷」色藝俱佳的出名歌妓柳如是（1618-1664），當年謙益五十八歲，如是二十二歲，兩人相差三十六歲，卻一見鍾情，深愛對方而結為夫妾。

　　之後，南明朱由崧福王弘光朝廷成立，錢謙益附擁

馬士英而受引薦為禮部尚書。

清世祖福臨順治三年（1646），先是豫親王多鐸（1614-1649，清太祖努爾哈赤第十五子，攝政王多爾袞同母弟）率清軍南下，攻破揚州，佔領江浙，消滅南明南京弘光政權。錢謙益迎降歸附，授命以禮部侍郎管秘書院事。這一年，錢謙益已六十五歲，因年老而告病返鄉。

回家隱居鄉里，他博學多識，詩文擅長自成一家，與同時代的吳偉業，並稱明末清初江左大家。

他家有「絳雲樓」藏書豐富著名，晚年書樓遭受火燬，只有一尊佛像沒有燒壞，從此向心佛教，著述佛經文鈔；其詩文自稱《牧齋集》。

清康熙三年（1664），錢謙益卒，年八十三歲。愛妾柳如是也在辦完丈夫後事，於家自縊身亡，得年四十七歲。白髮紅顏一路相伴，流傳不少風月韻事。

至清高宗乾隆三十四年（1769），弘曆皇帝因錢謙益事君（明、清）兩姓，節義淡薄，有才無行文人，而下詔令查禁錢氏的詩文集，燒燬刻板，但傳本卻一直流傳不絕。

《清史稿》有〈錢謙益傳〉，茲摘錄節要其傳略：

> 錢謙益，常熟人。明萬曆中進士，授編修。天啟中，御史劾罷之。崇禎元年，起官，不數月至禮部侍郎。尚書溫體仁賄常熟人張漢儒訐〔摘發〕

謙益貪肆不法。益求救於司禮太監曹化淳，刑斃
漢儒，體仁引疾去，謙益亦削籍歸。已而福王立，
上書誦〔馬〕士英功，士英引為禮部尚書。順治
三年，豫親王多鐸定江南，謙益迎祥，命以禮部
侍郎管秘書院事。俄乞歸，得放還，以著述自娛，
越十年卒。謙益為文博贍，諳悉朝典，詩尤擅其
勝。家富藏書，晚歲「絳雲樓」火，惟一佛像不
爐，遂歸心釋教。其自為詩文，曰《牧齋集》。乾
隆三十四年，詔燬板，然傳本至今不絕。

第五章　清代著名狀元榜眼探花

一、徐元文狀元

徐元文（1633-1691），江南昆山（屬今江蘇昆山）人；清順治十六年（1659）進士科第一甲第一名狀元，時年二十六歲。徐元文自小就聰明好學，他的哥哥徐乾學是康熙九年（1670），與弟弟徐秉義為康熙十二年（1673），都以第一甲第三名的探花及第，兄弟三人都躋身入列三鼎甲（狀元、榜眼、探花），在中華科舉考試史上，罕見而聞名，鄉里人士推尊望重，時譽「昆山三徐」俊彥兄弟；他們也是明清之際著名大學者，《日知錄》、《天下郡國利病書》作者顧炎武（亭林先生）的外甥。

元文科中狀元後，世祖福臨特於「乾清門」召見，報喜皇太后說：「今年科中得一位最佳狀元」，並賜冠帶、蟒服，擢授翰林院修撰，元文又追從皇上臨幸「南苑」廷園，蒙受特賜乘坐御馬，很得皇帝恩寵。

康熙八年（1669），授任秘書院侍讀；九年，遷國子監祭酒，充經筵講官；十三年，擢升內閣學士兼禮部侍郎；隔年，改任翰林院掌院學士，充日講起居注官，教

習庶吉士。十九年，擢為左都御史，上疏吳三桂反叛；在平定雲南吳三桂藩王後，告廟，廷臣多讚美歌頌功德。二十七年，升遷刑部尚書，又調為戶部尚書；二十八年，拜升文華殿大學士，兼掌翰林院事，修撰《平定三逆〔藩〕方略》；二十九年，元文致仕退休回鄉，三十年（1691）七月，卒，年五十八。

《清史稿》有〈徐元文傳〉，此摘要節錄其傳略：

> 徐元文，江南崑山人。少沈潛好學，與兄乾學、弟秉義有聲於時，稱為「三徐」。元文舉順治十六年進士第一，世祖召見「乾清門」，還啟皇太后曰：「今歲得一佳狀元。」賜冠帶、蟒服，授翰林院修撰。從幸「南苑」，賜乘御馬。康熙初，補國史院修撰，累遷國子監祭酒，充經筵講官。十三年，遷內閣學士，改翰林院掌院學士，充日講起居注官，教習庶吉士。十九年，擢左都御史。會師下雲南，吳三桂之徒多率眾歸附，雲南平，告廟，廷臣多歌頌功德。二十七年，遷刑部尚書，調戶部尚書。二十八年，拜文華殿大學士兼掌翰林院事。二十九年，元文休致回籍。家居一年，卒。
> 論曰：康熙初葉，主少〔八歲〕國疑，滿、漢未協，四輔臣〔鼇拜、索尼、遏必隆、蘇克薩哈〕之專恣，三藩之變亂，皆足以動搖國本。當多事之秋，百計匡襄；康熙之政，諸臣與有功焉。

又，因徐元文為顧炎武外甥，且《清史稿》有〈顧炎武傳〉，故亦附其傳略：

> 顧炎武，昆山人。明諸生，讀書目十行下。見明季多故，講求經世之學。明南都亡，昆山令起義師，炎武從之。母誡炎武弗事二姓。炎武之學，大抵主於斂華就實，窮原究委，考正得失，撰《天下郡國利病書》，《日知錄》尤為精詣之書，蓋積三十餘年而後成。其論治綜覈名實，於禮教尤兢兢。謂風俗衰，廉恥之防潰，由無禮以權〔姑且〕之，常欲以古制率天下。其他著作《亭林文集》、《詩集》等書，並有補於學術世道，清初稱學有根柢者，以炎武為最，學者稱為亭林先生。康熙二十一年，卒，年七十。宣統元年，從祀文廟。

二、于敏中狀元

于敏中（1714-1779），江南金壇（今江蘇金壇）人，清高宗乾隆三年（1738）進士科第一甲第一名狀元，時年二十四歲。

他得中科舉考試狀元，依例授翰林院修撰。因學識文章深受皇上賞識，入值「懋勤殿」。後累遷侍講、典試官、學政。乾隆十五年，入值「上書房」，累升內閣學士。十八年，擢用兵部侍郎。二十二年，任刑部侍郎。二十

五年，詔命為軍機大臣。因敏捷勝過他人，蒙受皇上滿意重用。三十年，升為戶部尚書。三十三年，加授太子太保官位。三十六年又升任協辦大學士。三十八年，晉升為文華殿大學士兼戶部尚書，位同相位極品。當時皇帝詔下徵集書籍，安徽學政朱筠奏請專設開局搜輯古書；敏中稱善朱筠所奏，於是皇上特命開創「四庫全書館」，詔令敏中任正總裁，主持其事；又任命為上書房總師傅，兼翰林院掌院學士。

于敏中擔任軍機大臣頗久，接近有二十年，長久陪侍高宗皇帝左右。四十一年，皇上還嘉勉他的功勞，仍然列為功臣。四十四年，敏中得氣喘病離世，年六十六歲。皇上下詔特賜撫卹，頒諡文襄。

趙爾巽、柯邵忞、繆荃孫等纂修的《清史稿》與張其昀、蕭一山等修訂的《清史》，皆載有〈于敏中傳〉，茲摘要節錄《清史稿》內〈于敏中傳〉：

> 于敏中，江蘇金壇人。乾隆三年一甲一名進士，授翰林院修撰。以文翰受高宗知，直「懋勤殿」。累遷侍講，典山西鄉試，督山東、浙江學政。十五年，直上書房。累遷內閣學士。十八年，擢兵部侍郎。二十二年，起署刑部侍郎。二十五年，命為軍機大臣。敏中敏捷過人，承旨得上意。三十年，擢戶部尚書。三十三年，加太子太保。三十六年，協辦大學士。三十八年，晉文華殿大學

士，兼戶部尚書。時下詔徵書，安徽學政朱筠請開局搜集古書。敏中善〔朱〕筠奏，於是特開「四庫全書館」，命敏中為正總裁，主其事。又命為上書房總師傅，兼翰林院掌院學士。敏中為軍機大臣久，侍帝左右有年。四十一年，詔嘉其勞，仍列功臣。四十四年，病喘，卒。優詔賜卹，諡文襄。

三、莊培因狀元

莊培因（1723-1759），江南陽湖（屬今江蘇武進）人，生於清雍正元年，卒於乾隆二十四年；為乾隆十九年（1754）科舉考試進士科第一甲第一名狀元，當年三十一歲。

同年金榜上題名，後來成為著名學者的名人，還有第一甲第二名的榜眼王鳴盛，第二甲第四名的紀昀，第二甲第四十名的錢大昕。[1]所以，這一年的「金榜」，又被稱作名榜。

王鳴盛（1722-1797），原號西庄，晚年又號西沚，江蘇太倉州嘉定縣（今屬上海直轄市）人；歷史名著為《十七史商榷》。紀昀（1724-1805），字曉嵐，北直隸河

---

1 《明清進士題名碑錄索引》,〈乾隆十九年題名碑錄〉,文史哲出版社。

間府（今河北）獻縣人，為清高宗乾隆詔輯完成文史鉅著大部叢書《四庫全書》的總編纂，同時著述《四庫全書總目提要》。錢大昕（1728-1804），號竹汀，江蘇嘉定人，著有〈二十二史考異〉、《十駕齋養新錄》等。

莊培因的哥哥莊存與是乾隆十年（1745）進士科第一甲第二名榜眼，被譽稱推尊為「兄弟鼎甲」；而培因又是雍正五年（1727）第一甲第一名狀元彭啟豐（1701-1784，號芝庭，蘇州人）的女婿，兩位都大魁天下，並稱「翁婿狀元」；兄弟親家掄元鼎甲，為科舉史罕見，也是盛事佳話。

高中科舉考試狀元，依慣例擢授翰林院修撰，當史官。乾隆二十一年（1756），出任福建鄉試主考官；二十三年，掌福建學政；後擢升官至翰林院侍讀學士。

可惜，天不永年，竟於乾隆二十四年（1759）病卒於任上，年僅三十七歲；取得功名為官只有六年。

四、畢　沅狀元

畢沅（1730-1797），字秋帆，因晚年曾建書閣於靈岩山麓，故又自號靈岩山人；為江南鎮洋（今江蘇太倉人），清高宗乾隆二十五年（1760）進士科第一甲第一名狀元，時年三十一歲。

他的母親張藻是一位有名女詩人，詩文學識淵博，才華橫溢；慈母帶他拜見著名專家學者求學，尤其是讓

他在十九歲與二十一歲時，追隨師從經學大師惠棟
（1697-1758，江蘇蘇州人）與風雅詩人學者沈德潛
（1673-1769，江蘇蘇州人，長壽九十七歲），從此在經
學、詩文上，大為精進博通，後來因得在科舉考試朝廷
殿試，大魁天下，掄取金榜狀元。

畢沅出任陝西巡撫時，慈母張氏曾作有〈訓子詩〉
勉勵，略謂：

> 讀書裕經論，學古德政治。功業與文章，斯道非
> 有二，汝入宦秦中，仰沐聖主恩。日夕為汝祈，
> 冰淵慎惕勵。端己勵清操，西土民氣淳。民力久
> 普存，愛養在大吏。潤澤因時宜，撙節善調理。
> 古人樹聲名，一一踐其真。千秋照汗青，不負平
> 生學。[2]

畢沅一生溫雅愛才，惠澤幕客，又成為名儒重臣，
封疆大吏，其成功跟母親愛心教育，息息相關。

他在科中狀元後，依例擢授翰林院修撰。乾隆三十
一年（1766），升翰林院侍講，旋授「甘肅鞏秦階道」。
三十六年（1771），授陝西布政使。三十七年（1772），
護理陝西巡撫。三十九年（1774）實授陝西巡撫，前後
任撫陝西十一年。五十年（1785），調任河南巡撫。五十

---

2 李嘉球，《蘇州狀元》，蘇州大學出版社，頁 37-38。

一年（1786），調任山東巡撫，旋又升授湖廣總督，至清仁宗嘉慶元年（1796），授任湖廣總督亦約十一年之久。其受重用撫督疆吏，幾皆於高宗乾隆皇帝期間。

嘉慶二年（1797）六月，畢沅因長年到處奔波，過度勞累，竟手足麻木，皇上特賜「活洛丸」治藥；唯至七月，卒，享年六十八歲。嘉慶皇帝賜贈太子太保。

畢沅一生以詩文學識起用，官職事功修舉，可惜，治軍並不專長，軍功貽誤，遂無諡號。

畢沅留給後人賞識推尊的，是他的禮賢下士，愛才如渴，提攜扶濟幕府賓客，如戰國時代的孟嘗君；以及他的學識淵博，撰述著作。

畢沅因長久多年深受重任陝西、河南、山東巡撫及湖廣總督，獨當一面權位財勢，有利於他的提拔文士人才及輸銀濟助。他自科中狀元三十一歲開始當官（1760），至六十八歲（1797）卒年，前後服官三十七年，其中只當五年京官；其餘三十二年，從甘肅任道台，陝西按察史、布政使、巡撫，河南、山東巡撫，以至高升至湖廣總督高位；尤其擔當陝西巡撫與湖廣總督封疆大吏都各有十一年，合計二十二年之久。

再因他自己是狀元及第出身，而且文史詩賦廣博，愛才如命，延攬許多文人雅士成為其幕府賓客，一時文士名人雲集，呈現座無虛席盛況。

其幕府中，著名的賓客人才，至少有孫星衍（1753-1818，江蘇陽湖人）、洪亮吉（1746-1809，字稚

存,號北江,江蘇陽湖人)、邵晉涵(1743-1796,字二雲,浙江餘姚人)、章學誠(1738-1801,字實齋,浙江會稽人,著有《文史通義》、《校讎通義》)、汪中(1745-1794,江蘇江都人)、梁玉繩(1745-1819,浙江錢塘人,名著有《史記志疑》)、段玉裁(1735-1815,江蘇金壇人),甚至及於幕府外的王鳴盛(1722-1797,江蘇太倉嘉定人,名著《十七史商榷》)、錢大昕(1728-1804,號竹汀居士,江蘇嘉定人,名著有《廿二史考異》等時賢同僚。[3]

畢沅在督撫幕府內外,流傳有**三則濟助文人、寒士、老僧的有趣軼聞佳話**:

一、有一回,幕府新來賓客汪中正潦倒極需錢用,就到畢沅官署衙門,遞傳一張小紙條給大門警衛代傳:「天下有汪中,先生無不知之理;天下有先生,汪中無窮困之理」;畢沅閱後,即派人致送汪中白銀五百兩。

二、有一位寒士遠道前來投靠畢沅,正好碰見該寒士正在神明前焚香禱告:「弟子家境貧寒,慈母已年邁需奉養,遠道來請畢公推薦教書賺錢養母,懇請 神仙垂憐靈驗。」畢沅很受感動,隨即掏摸五十兩銀子給寒士孝子當路途盤纏返鄉費用,並遞給他一封信函,請寒士轉致其家鄉當地某銀號。回到家鄉,銀號主人拆開信函,隨即祝賀說道:「久聞畢大人急功好義,恭喜總督賜你一

千兩銀子，吩咐交待放在我銀號作母子，每年將利息給你當薪資，你就不用再到遠地奔波教書，而可以就近在家鄉奉養慈母了」。這位寒士驚喜之餘，回到家中，設立畢沅長生祿位牌，早晚頂禮叩拜致謝。

三、畢沅受命擢任陝西巡撫，途經某寺院，老僧出迎，談笑風生；畢沅突然請教老僧：「一部《法華經》，共有多少句「阿彌陀佛」？老僧笑說：「貧僧慧根不夠，好生慚愧！」隨即，這位住持反問：「畢公是狀元出身，乃天上文曲星下凡來造福陝西地區，敢問：一部《四書》內，共有多少句「子曰」？兩人相視大笑。畢沅對住持的反應靈敏與幽默風趣感到佩服。臨走前，就捐獻一大筆銀兩，請老僧充作敬拜香火錢與整修寺院費用。[4]

畢沅（及其幕府）的學術名著有《續資治通鑑》、《西安府志》、《湖北通志》、《關中勝蹟圖志》、《靈岩山人詩集》等。其中，以《續資治通鑑》，最為著名而有成就貢獻。

按，北宋司馬光（1019-1086）的鉅著傑作《資治通鑑》，上自東周威烈王二十三年（公元前403年），下迄五代後周世宗顯德六年（959），長達一千三百六十二年，凡二百九十四卷的「編年體」歷史鉅作。而畢沅的《續資治通鑑》，共二百二十卷，接續自宋太祖趙匡胤建隆元年（960）至元末順帝至正二十八年（1368），縱跨宋、

---

4 李嘉球，同注2，《蘇州狀元》，頁203~204；周臘生，《清代狀元譜・奇談》，頁101~102。

遼、金、元，四百零九年史事。

　　《清史稿》與《清史》都有〈畢沅傳〉，茲併參節要摘錄其傳略：

> 畢沅，字秋帆，自號靈岩山人，江蘇鎮洋人。乾隆十八年舉人，授內閣中書，充軍機處章京。二十五年，一甲一名進士，授修撰。三十一年，授甘肅鞏秦階道〔台〕，擢陝西按察史。上東巡，觀行在，授陝西巡撫，沅先後撫陝西逾十年。五十年，調河南巡撫。五十一年，賜黃馬掛，授湖廣總督；嘉慶元年，復命為總督如故。二年，報疾作，手足不仁，賜「活絡丸」。旋卒。贈太子太保。沅以文學起，愛才下士。職事修舉，然不長於治軍，又易為屬吏所蔽。

五、王　杰狀元

　　王杰（1725-1805），號惺園，陝西韓城人，清高宗乾隆二十六年（1761）科中進士第一甲第一名狀元，時年三十六歲。

　　該年主考朝廷殿試的讀卷官兆惠等，在閱卷畫圈後，把圈數九個圈最多及次多者等十位進呈留待皇上審定。

　　乾隆皇帝審閱，發覺讀卷官原圈擬第三名的卷子字體很熟識有印象，就令官員拆開糊名彌封，姓名王杰，

陝西韓城人，皇上即想起此位舉子就是當過兩江總督尹
繼善、江蘇巡撫陳宏謀的輔佐幕僚，時常替兩位督撫繕
寫奏疏進呈皇上而蒙受賞賜，得知人品極佳；又因清朝
還未有陝西人考中狀元，並慶賀皇帝愛卿兆惠剛西征凱
旋歸來，遂把原擬第一名的趙翼（江蘇陽湖人）與第三
名的王杰（陝西人）名次對調，王杰成為狀元，趙翼屈
置第三探花。

　　這段典故，趙翼在他的著作《簷曝雜記》卷二有記
載：

> 辛巳殿試第三卷王惺園（杰）陝西籍，因〔皇上〕
> 召讀卷大臣，先問本朝陝西曾有狀元否？皆對云
> 本朝未有，上因以王卷與翼〔卷〕互易焉，惺園
> 由此邀宸眷翔步直上。明日，上諭諸大臣謂：趙
> 翼文自佳，然江浙多狀元，無足異，陝西則本朝
> 未有，今當〔兆惠〕西師大凱之後，王杰卷已至
> 第三，即與一狀元，亦不為過。

　　按，乾隆二十六年王杰榜的第一甲第三名，即如上
述的趙翼（有《二十二史箚記》、《陔餘叢考》、《簷曝雜
記》、《甌北詩話》等文史名著。）而第二甲第六十六名
的陸錫熊，則是《四庫全書》的副總編纂（總編纂為紀

昀曉嵐）；所以這一年的金榜，也被稱作是名榜。[5]

　　王杰科中狀元後，依例授擢翰林院修撰，入值南書房，主司文翰；又連升至內閣學士，掌管皇上詔命及傳達奏章要職。乾隆三十九年，遷刑部侍郎，又調為吏部侍郎，再升為左都御史，主司監察。乾隆四十八年，更授升為兵部尚書。五十一年四月，擔任上書房總師傅。同年十二月，授在軍機大臣上行走。五十二年正月，更晉升為東閣大學士兼管禮部，等同相位。五十五年十一月，加太子太保銜。嘉慶四年正月，乾隆皇帝（太上皇）駕崩，嘉慶皇上詔命王杰總理高宗後事禮儀。

　　嘉慶七年七月，王杰以老病，呈請退休，皇上勉允，特賜太子太傅名銜，回鄉仍食原俸。返鄉前，晉見皇上致謝告辭，嘉慶帝賞賜王杰有高宗皇帝前所御用玉鳩杖及皇上詩文，以榮寵回鄉行程。其中，有詩讚賞云：「直道一身立廊廟，清風兩袖返韓城。」當時朝內外都說足以道盡他的生平。

　　回到陝西韓城，逢年過節，皇上仍賜賞不斷；王杰每一次有上疏進奏，皇上都親自批閱回覆，話語就像是一家人。

　　嘉慶九年，王杰暨妻子同年八十高壽，皇上詔命陝西巡撫方維甸就近代為賜贈詩文、匾額、珍寶到他家祝

5　文史哲出版社，《明清進士題名碑錄索引》，〈乾隆二十六年題名碑錄〉。

賀生日。

王杰受此大禮，特地回到北京向皇上致謝；因路途遙遠勞累，加上年老體衰，隔年（十年）正月，王杰病卒於北京，享年八十一歲。

皇上悲悼痛惜，厚賜金銀治理後事；特贈太子太師，祭祀賢良祠，頒諡文端。

《清史稿》有〈王杰傳〉，此節要摘錄其傳略：

> 王杰，字惺園，陝西韓城人。歷佐兩江總督尹繼善、江蘇巡撫陳宏謀幕，皆重之。及見宏謀，學益進，自謂生平行己居官得力於此。乾隆二十六年，成進士，殿試進呈卷列第三。高宗熟視字體如素識，以昔為尹繼善繕疏，曾邀宸賞，詢知人品，即拔置第一。及引見，風度凝然，上益喜。又以陝人入本朝百餘年無大魁者，時值西陲戡定，魁選適得西人，御製詩以紀其事。尋直南書房，屢司文柄。五遷至內閣學士。三十九年，授刑部侍郎，調吏部，擢左都御史。四十八年，擢兵部尚書。車駕南巡，杰赴行在謝。上曰：「汝來甚好，君臣久別，應知朕念汝。」嘉慶七年，固請致仕，晉太子太傅，在籍食俸。陛辭日，賜高宗御用玉鳩杖、御製詩，以寵其行；詩有云：「直道一身立廊廟，清風兩袖返韓城。」時論謂足盡其生平。既歸，歲時頒賞不絕，每有陳奏，上親批答，語

如家人。九年，杰與妻並年八十，命巡撫方維甸齎御製詩、額、珍物，於生日就賜其家。杰詣闕謝；明年正月，卒於京邸。上悼惜，賜金治喪，贈太子太師，祀賢良祠，諡文端。杰和藹近情，而持守剛正，歷事兩朝，以忠直結主知。

六、錢　棨狀元

錢棨（1743-1799），號湘舲。江南長洲（今江蘇蘇州）人。清高宗乾隆四十六年（1781）進士科第一甲第一名狀元，時年三十八歲。

乾隆四十五年（1780），錢棨參加科舉鄉試，得中第一名舉人（解元）；隔年，他在禮部會試，也科中第一名（會元）；也就是他在鄉試、會試、殿試都勇奪第一，「連中三元及第」，成為清代共二百六十八年（1644-1911）僅兩位的頭一個「連中三元」狀元（另一位是在嘉慶二十五年的陳繼昌）。

在中華科舉考試史上，從隋煬帝大業元年（605）創進士科，至清德宗光緒三十一年（1905）廢除科舉的一千三百年間，計約產生十三位「連中三元及第」的狀元；亦即，平均每一百年，始得一位。

因此，可說是「鳳毛麟甲」，極為罕見難得，也特別光榮，朝廷祝賀，群臣歡慶，盛況空前，光宗耀里。

當年朝廷殿試，正逢乾隆皇帝愛新覺羅‧弘曆

（1711-1799）七十大壽古稀之年（他為此還刻了「古稀天子之寶」及「五福五代同堂古稀天子之寶」玉璽各一枚。）

至乾隆四十六年（1781），從大清順治元年（1644）入關，遷都北京，已立國有一百三十八年；此時科考出現一位「連中三元」的狀元，皇上在古稀喜慶之年又碰到此百年難遇的盛舉大事，龍心大悅地賦詩一首，賜贈「錢三元」，詩中有云：「國朝經百載，春榜得三元。文運風雲壯，清時禮樂蕃。」

錢棨科中狀元後，依照狀元入仕慣例擢授翰林院編撰，當史官。五十一年，充當順天府鄉試考官；五十二年，奉諭在上書房行走，督導教學皇室子孫；六十年，升任翰林院侍讀，充任日講起居注官。

嘉慶三年（1798），升任侍講學士，旋為侍讀學士；同年，派任雲南鄉試主考官，又任雲南學政。嘉慶四年，晉升為內閣學士兼禮部侍郎，仍提督雲南學政。

由於到國土疆域最西南邊陲雲南任官，路途遙遠且舟車勞頓，加上偏僻荒野，水土不服而身體日漸衰弱。

不久，他竟身染難治瘧疾，加上奉公職守，堅持帶病為官工作，病情更加重，而於嘉慶四年（1799）八月，卒於任上，得年五十七歲。

仁宗嘉慶聞訊，下詔哀悼，褒揚他在雲南的功勞治績，詔令由當地雲南總督代朝廷處理後事，護送歸回原籍蘇州。

錢棨是清代第一位「連中三元及第」的狀元，蘇州府暨長洲、元和、吳縣等地方官員，在府學為他建造「三元坊」牌樓，並將乾隆皇帝當年祝賀御詩文句勒石於府學內紀念。

七、陳繼昌狀元

陳繼昌（1791-1849），號蓮史，廣西臨桂（桂林）人，清仁宗嘉慶二十五年（1820）進士科第一甲第一名狀元，時年二十九歲。

他的曾祖父陳宏謀是清世宗雍正元年（1723）的進士，官至東閣大學士兼工部尚書；父親陳蘭森為乾隆二十二年（1757）的進士，乃官宦世家，名門望族，書香門第，博學多聞。

嘉慶十八年（1813），他參加科舉考試廣西鄉試，科中舉人第一名（解元）；嘉慶二十五年，又參加禮部會試得第一名(會元)，旋於朝廷殿試上，再大魁天下（狀元），成為清朝第二位「連中三元及第」者，聲名遠播，也是中華科舉史上，最後一位「連中三元狀元」。

陳繼昌連續三元及第，科中狀元時，嘉慶皇帝特賜御詩：「大清百八載，景遇兩三元。」[6]

按，大清自順治元年（1644）入關北京至嘉慶二十

---

6 毛佩琦主編，《中國狀元大典》，頁656。

五年（1820），計一百七十七年，故詩曰「百八載」；而「兩三元」指的是錢棨與陳繼昌，亦即當年所謂前後的「錢三元與陳三元」。

　　陳繼昌的夫人是一位侍郎侄女，頗有詩才，她在丈夫連中三元時，也賦詩：「獨秀高驚天極柱，一枝青出桂林村。」[7]把夫婿的「陳三元」，比擬桂林地標美景「獨秀峰」。

　　他科中狀元後，依慣例擢授翰林院編撰，當史官；後歷任陝西、甘肅、順天府鄉試典試官；清宣宗道光十年（1830），出任直隸保定知府；十一年（1831），授任山東兗州府知府；十五年（1835），遷任江西按察使；後升任山西、直隸、甘肅布政史，歷官至江西布政使；道光二十六年（1846），因疾病致仕辭職，回到桂林家鄉；道光二十九年（1849），卒，年五十九歲。他的家鄉宗祠有對聯：「曾祖當朝一品，曾孫及第三元」[8]，一品指的是曾祖陳宏謀，三元指的就是三元及第的陳繼昌狀元。

　　《清史·列傳》記載陳繼昌，只有短短三十七個字，附在〈陳宏謀傳〉之末，茲併載其傳略：

> 　　陳宏謀，廣西臨桂人。雍正元年，世所謂秋鄉春會，宏謀舉鄉試第一。成進士，改庶吉士。四年，授戶部郎中。七年，考選浙江道御史；授揚州知

7　車吉心、劉德增，《中國狀元全傳》，頁 913。
8　王鴻鵬、王凱賢、肖佐剛、張蔭堂，《中國歷代文狀元》，頁 473。

府，仍帶御史銜。遷擢雲南布政使。乾隆三年，
授宏謀直隸天津道。五年，遷江蘇按察史。六年，
遷江寧布政使。十二年，署陝甘總督。十五年，
調河南巡撫。二十二年十二月，遷兩廣總督。二
十三年，命以總督銜仍管江蘇巡撫，加太子少傅。
二十八年，遷兵部尚書，授吏部尚書，加太子太
保。二十九年，命協辦大學士。三十二年，授東
閣大學士兼工部尚書〔等同相位〕。三十六年，病
甚，允致仕〔辭官〕，加太子太傅，食俸如故，賜
御用冠服。命其孫刑部主事蘭森侍歸。詔所經處，
有司在二十里內料理護行。六月，卒於舟次，年
七十六。命祀賢良祠，諡文恭。宏謀早歲刻苦自
勵；及入仕，蒞政必計久遠，規模宏大，措置審
詳。尚名教，厚風俗，親切而詳備。曾孫繼昌，
字蓮史。嘉慶二十四年鄉試，二十五年會試廷試，
俱第一，授修撰。歷官至江西布政使。

八、張之萬狀元

　　張之萬（1811-1897），直隸（今河北）南皮人，清
宣宗道光二十七年（1847）進士科第一甲第一名狀元，
時年三十六歲。清季著名大臣張之洞（1837-1909），為
同治二年（1863）探花出身，是他的堂弟；堂兄弟先後
掄元「三鼎甲」的狀元、探花，乃科舉考試史上的佳話

美事。

　　張之萬科中考取狀元，依慣例擢授翰林院修撰。

　　他在道光二十九年（1849），充任湖北鄉試副主考官。

　　咸豐元年（1851），升任河南鄉試正主考官，旋於二年為河南學政。六年，回京擢日講起居注官，七年，諭命得在上書房行走。九年，升翰林院詩讀、充任會試考官。十年，擢為翰林院侍講學士。十一年，任詹事府詹事兼工部左侍郎。十二月，擢升內閣學士。

　　同治元年（1862），升任禮部侍郎兼理工部。旋又署理河南巡撫。隔年，實授河南巡撫。同治九年（1870），遷調江蘇巡撫，頃又晉升閩浙總督。

　　光緒八年（1882），召回京中升任兵部尚書，又調為刑部尚書；十年，晉升進入軍機處大臣兼吏部尚書，旋又擔任上書房總師傅、協辦大學士。十五年（1889），懿旨賜賞太子太保官銜，更拜授升為體仁閣大學士，再轉任東閣大學士，等同相位；皇上賞賜花翎、紫韁。二十二年（1896），因疾病奏請致仕（退休歸鄉），隔年（二十三年）五月，年老體病，離世，享有高壽八十七歲，為狀元大學士中，享壽年歲最高的一位。賜贈太傅，頒諡文達。

　　《清史稿‧列傳》有〈張之萬傳〉，此摘錄節要其傳略：

張之萬，直隸南皮人。道光二十七年，以一甲一名進士授修撰。咸豐二年，出督河南學政。召還，由侍讀累遷內閣學士。同治元年，擢禮部侍郎，兼署工部。九年，調江蘇巡撫、遷浙閩總督。光緒八年，起兵部尚書，調刑部。十年，入軍機，兼署吏部，充上書房總師傅、協辦大學士。十五年，授體仁閣大學士，轉東閣。賜雙眼花翎、紫韁。二十年，免直軍機。又二年，以病致仕。卒，年八十七，贈太傅，諡文達。

九、翁同龢狀元

翁同龢（1830-1904），字叔平，江蘇蘇州府常熟人，為大學士暨同治皇帝師傅翁心存的最小兒子；於道光十年（1830），出生在北京；為咸豐六年（1856）進士科第一甲第一名狀元，時年二十六歲。

他的父親翁心存，道光年間進士，曾歷任禮部、戶部、工部尚書，翰林院掌院學士，體仁閣大學士，上書房總師傅，為宣宗道光、文宗咸豐兩朝重臣名相，晚年做過穆宗同治師傅，官位顯貴。

翁心存的大兒子翁同書，是道光二十年的進士，累官至安徽巡撫；心存的幼子，即同書的么弟，就是翁同龢，當過同治光緒兩帝的師傅，又在光緒朝做到宰相極品；而同書的大兒子，同龢的侄子翁曾源，又是同治二

年（1863）的朝廷殿試第一甲第一名狀元。

所以，翁心存與翁同龢父子相繼入閣拜相；翁同龢與翁曾源叔侄先後科中狀元大魁天下，乃清代政壇佳話，科舉考試史上美譽。[9]

翁同龢科中掄為狀元，依例擢授翰林院修撰。咸豐八年，充陝甘鄉試副考官，旋提督陝甘學政。同治元年，充會試同考官，又為山西鄉試正考官；十月，充日講起居注官。四年十一月，命在弘德殿（穆宗同治皇帝讀書處）行走。五年，升翰林院侍講；七年，升任國子監祭酒；十年，擢授內閣學士兼禮部侍郎；十三年，命仍在弘德殿行走。

光緒元年，署刑部右侍郎，十二月，欽奉懿旨，著派侍郎內閣學士翁同龢授皇帝讀書；二年，授戶部右侍郎，充經筵講官；四年，升任都察院左都御史，賜紫禁城騎馬；五年，任刑部尚書，又調為工部尚書；七年，賞賜太子太保官銜；八年，諭命在軍機大臣上行走，以軍機處總攬機要大事；十一年，調為戶部尚書；二十年，再授軍機大臣；同龢善懂皇上旨意，皇帝親政日久，凡事都垂問同龢，眷倚恩重；二十一年，兼總理衙門各國事務大臣；二十三年，以戶部尚書協辦大學士；二十四年，皇上因同龢推薦，召用康有為主事議行「戊戌變法」新政。旋由慈禧太后暨后黨保守大臣發動「戊戌政變」，

---

9 莊練（本名蘇同炳），《中國近代史上的關鍵人物》，中冊，頁 78~79；車吉心主編，《中國狀元全傳》，頁 936。

翁同龢先遭「著即開缺回籍」；旋太后又認為「實不足以蔽辜」，復懿旨下令硃諭，翁同龢「著革職永遠不再任用」，交地方官嚴加管束。當時太后聽政，前後兩詔書，皆非皇帝本意；光緒三十年（1904）五月，卒於家，得年七十五歲。撰述有《翁同龢日記》流傳於世。

宣統元年，請准開復原官，[10]後追諡文恭。

《清史·列傳》有〈翁同龢傳〉，謹節要摘錄其傳略：

翁同龢，字叔平，江蘇常熟人，大學士心存子。咸豐六年一甲一名進士。授修撰。八年，典試陝甘，旋授陝西學政。同治元年，典山西試。命在弘德殿行走，累遷內閣學士。光緒元年，署刑部右侍郎。明年，上典學毓慶宮，命授讀。旋遷戶部。充經筵講官。晉都察院左都御史。遷刑部尚書，調工部。八年，命充軍機大臣。十年，加太子太保，賜雙眼花翎、紫韁，恩眷甚篤。二十年，再授軍機大臣，同龢善伺上意，得遇事進言。上親政久，每事必問同龢，眷倚尤重。二十一年，兼總理各國事務大臣。二十三年，以戶部尚書協辦大學士。二十四年，上初召用主事康有為議行新政。硃諭：翁同龢著即開缺回籍。八月，政變作。太后訓政，又奉硃諭：前令其開缺回籍，實

10　參閱蔡冠洛，《清代七百名人傳》，第一編，〈政治政事，翁同龢〉

不足以蔽辜，翁同龢著革職永不敘用，交地方官
嚴加管束。三十年卒於家，年七十有五。宣統元
年，詔復原官。後追諡文恭。同龢久侍講幃，參
機務。晚遭讒沮，幾獲不測，遂斥逐以終，其書
法自成一家，尤為世所宗云。

十、孫家鼐狀元

　　孫家鼐（1827-1909），清宣宗道光七年（1827）出
生，安徽壽州（今壽縣）人；清文宗咸豐九年（1859）
進士科第一甲第一名狀元，大魁天下，時年三十二歲。

　　他的曾祖父是乾隆年代的刑部郎中，祖父為貢生，
父親擔任州府教諭，屬世宦家族，書香門第。

　　他在科考掄中狀元，依慣例擢授翰林院修撰，掌修
國史。又歷任翰林院侍讀，入直上書房。

　　光緒四年（1878），諭命在毓慶宮行走，與翁同龢同
授光緒帝讀書。累遷為內閣學士，及擢授工部侍郎。當
時江西學政陳寶琛上疏奏請以明末清初儒者思想家黃宗
羲（1610-1695）、顧炎武（1613-1682）從祀文廟，朝廷
議者多不同意；孫家鼐就與翁同龢、潘祖蔭等再上疏奏
呈，始奉皇上恩准。光緒十六年，擢任都察院左都御史，
旋又任工部尚書兼順天府（今北京市）尹。二十四年
（1898），任吏部尚書協辦大學士。詔命為管學大臣，創
立「京師大學堂」（今北京大學）。時剛創議變法推行新

政，廢科舉，興辦新式學校西學教育，設立報社編輯書籍，朝廷都特別交辦議核詳察，家鼐都一一裁正。光緒二十六年（1900）庚子之亂，西人八國聯軍入逼北京京畿，太后暨皇帝等搭乘馬車入狩西安，奉詔隨護同行。起任禮部尚書，旋調吏部尚書。二十七年（1901），辛丑和議簽訂條約，還都北京；拜授體仁閣大學士，又轉任為東閣、文淵閣大學士，等同相位；又兼任學務大臣，都以敦行實學為要，學風為之一變。光緒三十二年，晉升武英殿大學士。三十四年（1908）二月，賞太子太傅官銜。歷蒙皇上賜壽、頒賞御書及諸多寶貴物品；賜賞紫韁，在紫禁城內詔坐兩人暖轎，優受隆恩厚遇。

宣統元年（1909），入疏乞病，皇上溫暖下詔慰留；不久，病逝，享年八十二歲。詔贈太傅，頒諡文正，入祀賢良祠。

孫家鼐為人處世簡樸儉約，平日無疾言厲色，家居拘謹，遠離雜客，推避權勢人士。督導學政，主持典試，都公正無私，器度廣雅。

《清史稿‧列傳》與《清史‧列傳》皆有〈孫家鼐傳〉，今併閱合參摘錄節要其傳略：

> 孫家鼐，安徽壽州人。咸豐九年一甲一名進士，授修撰。歷侍讀，入直上書房。光緒四年，命在毓慶宮行走，與尚書翁同龢授上讀。累遷內閣學士，擢工部侍郎。江西學政陳寶琛疏請以先儒黃

宗羲、顧炎武從祀文廟，議者多以為未可，家鼐與潘祖蔭、翁同龢等再請，始議准。十六年，授都察院左都御史、工部尚書，兼順天府尹。二十四年，以吏部尚書協辦大學士，命為管學大臣。時方議變法，廢科舉，興學校，設報編書，皆特交核覆，家鼐一裁以正。二十六年，乘輿西狩，召赴行在，起禮部尚書。還京，拜體仁閣大學士，歷轉東閣、文淵閣，晉武英殿。充學務大臣，裁度規章，折衷中、外，嚴定宗旨，一以敦行實學為主，學風為之一靖。三十四年二月，賞太子太傅。歷蒙賜壽，頒賞御書及諸珍品，賜紫韁，紫禁城內坐二人暖轎，恩遇優渥。宣統元年，再疏乞病，溫詔慰留。尋卒，年八十有二，贈太傅，諡文正，入祀賢良祠。家鼐簡約斂退，生平無疾言遽色。閉門齋居，雜賓遠跡，推避權勢。嘗督湖北學政，典山西試，再典順天試，總裁會試，屢充閱卷大臣，獨無所私，器量尤廣。

十一、洪　鈞狀元

洪鈞（1839-1893），蘇州府吳縣（今江蘇蘇州）人，生於清宣宗道光十九年（1839），為清穆宗同治七年（1868）進士科第一甲第一名狀元，時年二十九歲。

他先在同治三年（1864），參加江蘇省城江寧（今南

京）的鄉試，榜上有名，成為一位舉人；七年，前往京師禮部貢院參加會試通過，成了貢士；旋即接續科考朝廷殿試，金榜題名，大魁天下，科中第一甲第一名的狀元。

依照慣例，擢授翰林院修撰，掌修國史；同治九年，出任湖北學政，乃湖北省最高學官。十三年，任滿回京。

光緒元年，擔任順天（北京）鄉試同考官；次年，出任陝西鄉試正考官；五年，授任山東鄉試正考官；不久，升任翰林院侍講學士；六年，升為侍讀學士，再升右春坊（東宮太子宮）的左、右庶子（長官）；七年，晉升為內閣學士兼禮部侍郎。十年，因母親去世而開缺守制；此時，竟結識了一名歌妓富彩雲（即後來改名的賽金花）。十三年正月，娶了彩雲，並給起新的名字「夢鸞」，此時洪鈞四十九歲，夢鸞才十四歲。

同年（光緒十三年），洪鈞服制期滿進京，仍回任內閣學士兼禮部侍郎；十三年（1887）五月，因原出使德、奧、荷、比、俄五國使節的大臣任期已滿，正在等待擇人前往接替；在翁同龢與潘祖蔭等大臣的推薦下，洪鈞被授予重任，成了接替人選。

洪鈞帶著夢鸞（賽金花）奉命出使歐陸德、奧、比、俄四國，他是中華科舉史上，唯一擔任過「大使」的狀元。

光緒十六年（1890），洪鈞大使任期到滿，回國擔任兵部左侍郎兼總理各國事務衙門大臣；光緒十九年八月，

卒，得年五十五歲，朝廷給予優厚撫卹。洪鈞與彩雲（夢鸞），一起生活了六年。

賽金花在蘇州為洪鈞辦完後事，旋即脫離洪家，前往上海、天津（於此開立「金花班」）、北京（民國十七年，北伐平定，改稱北平）等大都會工作生活，民國二十二年離世，得年五十九歲。[11]同時代的江蘇常熟曾樸，即以他倆故事，寫成《孽海花》小說。

洪鈞生平嗜好學問，博通經史，特別喜愛研究蒙古人元史，他利用擔任駐外使節身份機會，廣泛搜集資料，並請通曉中、外文的使館館員譯成中文，撰寫了著作《元史釋文證補》，後由其親家公陸潤庠（同治十三年狀元）為他付印出版，此書對於後世在研究元史上，有其價值與地位。[12]

《清史稿‧列傳》與《清史‧列傳》皆有〈洪鈞傳〉，茲摘要節錄其傳略：

> 洪鈞，江蘇吳縣人。同治七年一甲一名進士，授修撰。出督湖北學政，歷典陝西、山東鄉試。遷侍讀，視學江西。光緒七年，歷遷內閣學士。母老乞終養，嗣丁憂，服闋〔服滿〕，起故官。出使

俄德奧比四國大臣。晉兵部左侍郎。十六年，使成，歸，命直總理各國事務衙門。十九年，卒，予優卹。鈞嗜學，通經史，嘗譔〔撰〕《元史釋文證補》，取材域外，時論稱之。

十二、陸潤庠狀元

陸潤庠（1841-1915），江蘇蘇州府元和（今吳縣）人，清穆宗同治最後一年（十三年，即西元 1874 年）進士科第一甲第一名狀元，時年三十三歲。

陸潤庠的父親是清代著名儒醫，恩貢生陸懋修。潤庠在道光二十一年（1841）出生於蘇州吳縣附近西北邊的鎮江學舍；因鎮江舊昔稱名「潤」州（今縱跨長江，通連鎮江、揚州的南北大鐵橋，就稱作潤揚大橋）；而古昔地方學校，名曰「庠」，「潤庠」名稱得來淵源如此。

他先在鄉試科中取為「舉人」，再於同治十三年（1874）進京參加會試取得「貢士」，旋於朝廷御試考中狀元，奪魁天下。

取得狀元後，依例擢為翰林院修撰，掌修國史，開始他的仕途生涯。

光緒二年（1876）之後，充會試同考官、典試湖南、陝西、江西等省鄉試副主考官；八年，再歷任日講起居注官、侍講、侍讀、山東學政；十八年，又遷任國子監祭酒。二十四年，擢升內閣學士，署理工部侍郎；二十

六年，庚子變亂，慈禧、慈安兩太后前往西安巡狩避難，潤庠奔往「行在」追隨，擢授禮部侍郎，充經筵講官；擢為左都御史，掌管監察；管理醫局副大臣，典順天府（北京）鄉試，又署理工部尚書。光緒三十二年，以尚書兼任順天府尹。三十三年，升任吏部尚書、參預政務大臣。光緒三十四年十月二十一日，光緒駕崩；隔天，慈禧太后西歸。

宣統溥儀元年（1909），授協辦大學士，再轉升任體仁閣大學士、東閣大學士，等同相位。宣統三年（1911），皇帝典學，充任毓慶宮授讀，兼顧問大臣。

辛亥年，武昌起義後，袁世凱取隆裕太后懿旨，頒行天下，改建國體，下詔清廷遜位。

潤庠以年老眼花，奏請辭去授讀差事，旋奉太后懿旨仍然照料於毓慶宮，同樣撥給月俸，頒授「太保」官銜。

民國四年（1915）八月，病逝，享年七十五歲，已退位的遜清皇帝賜贈「太傅」，頒諡「文端」。

陸潤庠為人處世和氣，平易近人；雖顯貴至宰輔高位，卻衣食家用如寒士秀才一般。遭遇國體改變而生活憂心鬱悶，糾結於心胸內，卻不顯露在外；到疾病危篤時，終日端坐，閉目不說話，也不吃飯，幾天後仙逝。

《清史稿·列傳》與《清史·列傳》都有〈陸潤庠傳〉，載錄文字幾乎同樣；此節錄摘要其傳略：

陸潤庠，江蘇元和人。父懋修，精醫，見〔清史稿〕〈藝術傳〉。潤庠，同治十三年一甲一名進士，授修撰。光緒初，屢典試事，湖南、江西皆再至。入直南書房，擢侍讀。出督山東學政。再遷祭酒，典試江西。二十四年，擢內閣學士，署工部侍郎。兩宮西巡，奔赴行在，授禮部侍郎，充經筵講官。擢左都御史，管理醫局，典順天鄉試，署工部尚書。三十二年，以尚書兼領順天府尹事。明年，授吏部尚書，參預政務大臣。宣統元年，協辦大學士，由體仁閣轉東閣大學士。皇帝典學，充毓慶宮授讀，兼顧問大臣。袁世凱取隆裕太后懿旨，頒示天下，改建國體，於是遜位詔下矣。潤庠以老瞶辭授讀差，奉懿旨仍照料毓慶宮，給月俸如故，授太保。越二年，病卒，年七十五，贈太傅，諡文端。潤庠性和易，雖貴，服用如為諸生時。遇變憂鬱，內結於胸而外不露。及病篤，竟日危坐，瞑目不言，亦不食，數日而逝。

十三、張　謇狀元

張謇（1853-1926），字季直，江南通州（今江蘇南通）人；清德宗光緒二十年（1894）進士科第一甲第一名狀元，時年已四十二歲。

他家累代務農，到他父親時，才開始有唸書，稍通

文墨。家裏有五個兄弟，因張謇從小聰明好學，所以讓他進入書塾受學。

有一次，啟蒙老師看見有人騎著白馬從門外經過，見景生情，即隨口吟出上聯「人騎白馬門前過」，要張謇試對下聯；張謇不假思索，應聲對上：「我跨金鰲海上來。」[13]蒙師一聽，大為驚喜，認為這個孩子非同小可，頗有才氣，將來必能出人頭地。

張謇在十六歲時，通過州府、縣考試，成為秀才；三十二歲，參加鄉試，科中舉人。

清光緒二十年（1894），他前往北京參加禮部會試暨朝廷御試；這一年有張之萬、李鴻藻、翁同龢、唐景崧等八位閱卷大臣官員，在翁同龢「求賢如渴，愛才似命」的提攜人才心理及擔任光緒帝師的有利背景，他聯合李鴻藻說服首席讀卷大臣張之萬，並全力向光緒皇帝推薦張謇的卷子，遂得到皇上在卷首以紅筆御寫「第一甲第一名」六個大字。[14]張謇大魁天下，掄中甲午年科舉的狀元。

獨占鰲頭科中狀元，依慣例擢授翰林院修撰。官居京師，有一天在路途巧遇皇太后回鑾，剛好碰上大風雨，只見年老大臣跪迎，積水淹沒小腿，伏地懼怕不敢

---

13 周臘生，《清代狀元譜·奇談》，頁 146，〈張謇善對〉；王鴻鵬、王凱賢、肖佐剛、張蔭堂，《中國歷代文狀元》，頁 514。
14 莊練(蘇同炳)，《中國近代史上的關鍵人物》，中冊，頁 105~107；周臘生，同注 13 所揭書，頁 34；車吉心主編，《中國狀元全傳》，徐曉，〈張謇〉，頁 986。

往上看;張謇於是感嘆說:此非仁人有志之士所當做的,乃決心立意放棄官位仕途,圖謀振興實業教育,以救弱國。[15]

光緒二十三年(1897),張謇在通州(今南通)創辦大生紗廠;光緒二十七年(1901),他又創辦興建江浙漁業公司、通海墾牧公司、資生冶鐵公司、廣生油廠、大興麵廠、通州大達輪船公司、淮海實業銀行等企業公司。

光緒二十八年(1902),他更創辦了中國第一所師範學校——通州師範學校,隨即又創辦了第一所的通州女子師範學校;接續,又成立盲啞學校、南通博物苑、圖書館等,他成為近代中國實業界先鋒與教育界先進。

光緒三十四年(1908),張謇奉旨籌辦立憲運動江蘇咨議局;隔年,宣統元年(1909),咨議局成立,他被推任為議長。

民國元年(1912)元旦,孫中山先生在江蘇南京就任大總統,張謇為實業總長。(黃興陸軍總長、王寵惠外交總長、伍廷芳司法總長、蔡元培教育總長等)。

民國二年十月,張謇出任袁世凱總統、熊希齡內閣的農林、工商總長;四年三月,他看出袁世凱所作所為的政治野心,決意離開袁世凱北洋政府,辭職南歸。隨後,繼續致力於他大生實業集團的發展。

---

15 蔡冠洛,《清代七百名人傳》,〈張謇〉,頁571。

　　民國十五年（1926）八月二十四日，張謇病逝，享年七十四歲；撰有《張謇日記》，留傳於世。

　　他是近代中國實業界的開拓者，教育文化界的先驅者，令人欽敬感佩，垂名於後世。

十四、王壽彭狀元

　　王壽彭（1875-1928），山東濰縣（今山東濰坊）人，清德宗光緒二十九年（1903）進士科第一甲第一名狀元，時年二十八歲，這一年的朝廷殿試，是科舉考試截止的前一年。

　　王壽彭出生於光緒元年（1875），從小勤學苦讀；十七歲考中秀才，二十六歲通過山東省鄉試，掄為舉人。

　　此時，慈禧太后（1835-1908，咸豐文宗之妃，同治穆宗之母，光緒德宗姨媽）；她在穆宗、德宗兩朝時期，即同治元年（1862）至光緒三十四年（1908）崩天歸西，總計垂簾聽政四十七年。

　　因慈禧長久坐勢秉政，大權在握，朝廷大臣既敬又畏，不敢拂逆得罪，對她畢恭畢敬而隨時隨地巴結討好她。

　　光緒二十九年（1903）的科舉考試，恰逢慈禧太后即將慶賀七十大壽，因有感「人生七十古來稀」，已年老而一則以憂，再者，期盼遐齡長壽以得福祉而一則以喜。

　　竟然，這一年科考的閱卷大臣們，以首席閱卷官孫

家鼐大臣等，費極心機地從眾多寫得較好的卷子中，找尋含有代表祥瑞祝嘏之意的貢士姓名，終於找到了一位名叫「王壽彭」的卷子，而敬呈太后。

慈禧太后一看「王壽彭」姓名，心中大喜，形於臉上，說道：王，即帝王、天子；壽彭，乃萬歲無疆壽比彭祖（歷史上傳說長壽近八百歲神奇人物）之意；太后大悅，遂下旨詔令拔擢王壽彭為該年科舉考試第一甲第一名狀元。[16]

王壽彭掄中狀元，依例授擢翰林院修撰，掌修國史，擔任史官。

光緒三十一年（1905），清廷政府特派五大臣赴歐、美、日本考察；王壽彭被選派隨同至日本觀摩教育與政治。

光緒三十四年（1908）至宣統二年（1910），他出任湖北提學使，創辦兩湖師範教育。

辛亥革命，清廷覆亡退位，王壽彭返回家鄉山東首府濟南，擔任山東都督府秘書。

民國十四年（1925），張宗昌軍閥擔當山東督軍，王壽彭任山東教育廳長；隔年（1926），他將當時山東省立的農、礦、工、醫、法商等專門教育學校，整合併為山東大學，隨即又增設文科，自己兼任校長。

民國十七年（1928），南方國民政府北伐軍節節勝利，

---

16 車吉心，《中國狀元全傳》，頁 1004，劉天，〈王壽彭〉；周臘生，《清代狀元譜‧奇談》，頁 36。

張宗昌軍閥被逐出山東，王壽彭隨著張宗昌退赴河北天津；同年，病逝於此，得年五十四歲。

因王壽彭逝世在民國十七年，而《清史稿》是在前一年的民國十六年已匆促出刊；再者，歷代「史」「書」都秉持「不為生人立傳」的慣例，因其歷史地位還未論定；所以，《清史稿·列傳》沒有〈王壽彭傳〉。

十五、劉春霖狀元

劉春霖（1872-1944），直隸肅寧（今河北肅寧）人，清光緒三十年（1904）進士科第一甲第一名狀元；他是中華科舉史上的最後一名狀元，因隔年的光緒三十一年（1905），清廷終止科考；自隋煬帝元年（605）以來，實施約一千三百年的科舉考試廢除了。

據傳聞，那一年朝廷殿試的閱卷大臣陸潤庠、張百熙等，依慣例進呈前十名的「承恩」卷子給慈禧太后，等待聖裁。

而這一年恰巧是慈禧太后（1835-1908）的七十華誕，總是要博個吉利，慶賀一番。

當主事官員拆開糊名彌封，慈禧看見原擬第一名的廣東貢士朱汝珍的卷子姓名、籍貫時，心頭不悅，臉色全變，心想輕言：「這姓名朱（誅）汝珍，會讓人聯想到太后旨令太監，把光緒皇帝心愛的珍妃推落深井溺斃誅殺；再者，太平軍的洪秀全、戊戌變法的康有為、梁啟

超，都是廣東人；所以，朱汝珍怎麼可以擢拔為狀元？」

　　再看原擬第二名卷子，拆封見到「直隸肅寧人劉春霖」的籍貫姓名，心中轉為大悅，喜上眉梢說道：「這舉子貢士家鄉直隸肅寧，等於是我大清京畿子民，而肅寧有肅敬安寧之意，可帶來大清國泰民安風調雨順；再加上春霖兩字，可說是春風化雨，普降甘霖，代表吉祥如意，霖雨天下蒼生。」

　　遂下旨令將兩卷名次排序對調，劉春霖金榜奪魁，成為末代科考第一甲第一名狀元，朱汝珍屈降為第一甲第二名榜眼。[17]

　　此年第一甲第三名的探花是商衍鎏（1874-1963）；而後來成為民國重要人物，國民政府主席的譚延闓（1880-1930，湖南人，歷任湖南諮議局議長、都督、省長、孫中山廣州大元帥大本營秘書長、國民政府主席、首任行政院長等要職），則是該年末代科舉考試會試第一名（會元），殿試第二甲第三十五名。[18]

　　王壽彭大魁天下，掄中狀元及第後，依例授擢翰林院修撰，掌修國史。

　　光緒三十一年（1905），他被選派赴日本，進入東京法政大學深造；宣統元年（1909），出任河北保定直隸高

---

17 車吉心主編，《中國狀元全傳》，頁1007，劉天，〈劉春霖〉；周臘生，《清代狀元譜・奇談》，頁37~38；王鴻鵬、王凱賢、肖佐剛、張蔭堂，《中國歷代文狀元》，頁520。

18 《明清進士題名碑錄索引》，〈清光緒三十年題名碑錄〉，文史哲出版社。

等學堂監督（校長）。

民國三年（1914），他擔任袁世凱總統府內吏（皇帝起居注）史官秘書；徐世昌、曹錕總統期間，他出任直隸省教育廳廳長；後來，他眼見北洋軍閥明爭暗鬥，厭惡苟且偷生官場日子，於民國十七年（1928），憤然辭官離職，寓居北平（北京），終日以詩書字畫自娛。

民國二十年（1931），在他六十歲生日，撰著《六十自述》，嘗自稱是科舉考試史上的「第一人（狀元）中最後人。」

民國三十三年（1944），劉春霖因年老心衰，卒於北平，享年七十三歲。

他長於書法，特別以小楷出名，書寫出版有〈蘭亭序〉、〈大唐三藏聖教序〉、〈文昌帝君陰騭文〉等多種字帖。

十六、王鴻緒榜眼

王鴻緒（1644-1723），號橫雲山人，江南松江府婁縣（接近今上海金山區華亭）人，清聖祖康熙十二年（1673）考中進士科第一甲第二名榜眼。

他出生於清世祖福臨順治元年（1644），父親為順治六年進士，累官至御史；哥哥王頊齡，乃康熙十五年進士，歷官至工部尚書，武英殿大學士，擢太子太傅銜；屬官宦世家，書香門第。

　　王鴻緒掄中榜眼後，依照慣例擢授翰林院編修。康熙十四年，充任順天府（今北京）鄉試副考官；十六年，擢為日講起居注官，授左春坊左贊善；十八年，轉任翰林侍講，十九年，旋加授侍讀學士；二十一年，詔任編纂《明史》總裁官；二十二年十二月，擢升內閣學士；二十三年，任戶部右侍郎；二十四年，派任禮部會試正考官；二十六年，授任左都御史，掌管監察；三十八年，晉升工部尚書；四十二年，充經筵講官；四十七年，調任戶部尚書。五十三年，上疏呈奏康熙皇帝，當年他奉命擔任修纂《明史》總裁官時，主稿〈列傳〉，而〈本紀〉與〈志〉分由陳廷敬、張玉書撰稿。

　　按，《明史》凡三百三十二卷；其中，本「紀」有二十四卷；志七十五卷；表十三卷；列「傳」二百二十卷。屬歷代《史》、《書》體例（以年別之「編年體」、人別之「紀傳體」、事別之「紀事本末」）之「紀傳體」。

　　從康熙十八年（1679）起議詔修，經過雍正時期，至乾隆四年（1739），才定稿成書，歷時六十年之久，先後由萬斯同、徐元文、張玉書、陳廷敬、王鴻緒、張廷玉等主審、監修、總裁、纂修。[19]

　　清世宗雍正元年（1723）八月，王鴻緒卒於京城戶

---

19 李宗侗，《中國史學史》，頁 157~158；金靜庵（毓黻），《中國史學史》，頁 135；世界書局編輯部，《二十五史述要》，頁 282與頁 286-289；王樹民，《史部要籍解題》，頁 129-130 與頁 151。

部尚書任內，享年八十歲，循例賜卹，著有《明史》等。

《清史稿・列傳》有〈王鴻緒傳〉，此摘要節錄其傳略：

> 王鴻緒，江南婁縣人。康熙十二年一甲二名進士，授編修。十四年，主順天鄉試。充日講起居注官。累遷翰林院侍讀。十九年，聖祖諭獎講官勤勞，加鴻緒侍讀學士銜。二十一年，充《明史》總裁。累擢內閣學士、戶部侍郎。二十四年，典會試。二十六年，擢左都御史。三十三年，以薦召來京修書。後授工部尚書，充經筵講官。四十七年，調戶部〔尚書〕。五十三年，疏言：「臣舊居館職，奉命為《明史》總裁官，玉書任〈志〉，廷敬任〈本紀〉，臣任〈列傳〉。謹繕寫全稿齎呈御鑒，請宣付史館。」詔俞之。雍正元年，卒於京。

又按，《清史稿》凡五百三十六卷，民國二年由北洋政府設立「清史館」，令趙爾巽為館長，與柯邵忞、繆荃孫等纂修，至民國十六年秋，鑒於南方國民革命軍北伐節節勝利，往北推進，致北洋北京政府動搖，為防散失，乃在軍閥政府顛覆之前，匆促雕板付印，計有〈本紀〉二十五卷，〈志〉一百四十二卷，〈表〉五十三卷，〈列傳〉三百十六卷；暫取名《清史稿》者，蓋尚有待後人之刪

訂也。

民國十七年，國民政府北伐告成，旋成立故宮博物院，接收北洋政府國史館；當時的故宮博物院易培基院長延請清史專家學者審查《清史稿》，發現其中有反國民革命、藐視先烈志士，不奉民國正朔，反對漢族、稱揚遜清遺老、鼓勵復辟，為滿清諱與迴護、體例不合、泥古不化、淺陋等許多項荒謬錯誤、過分簡陋不合民國體制者，乃禁止當時發行[20]；及至今，仍未蒙政府同意明令入於「正史」中。

十七、戴名世榜眼

戴名世（1653-1713），江南桐城（屬今安徽桐城縣）人，清聖祖康熙四十八年（1709）進士科第一甲第二名榜眼。

他的曾祖父為明末諸生，朱明覆亡，隱居山裏閱書著作，祖父歷任明末縣令，循為良吏，有政聲；父親忠厚老實，因國破而內心鬱悶，難以忘懷故國，生計過得艱辛憂苦。

家境中衰後，戴名世因自身具有才學俊逸，教授門徒勉強自給自足；他喜愛研究文史，尤其愛讀司馬遷的

---

20 世界書局編輯部，《二十五史述要》，頁 297~305；金靜庵（毓黻），《中國史學史》，頁 137；王樹民，《史部要籍解題》，頁 134 與頁 151。

《史記》，研考追尋古代前人的奇偉氣節與美好操行；常常為文來自抒心內憤悶，逸氣風發至無法操控駕馭。

他與安徽同鄉文士名人方苞（1668-1749，桐城散文學派創始人，與後繼者發揚光大的劉大櫆、姚鼐，被推尊為古文桐城派三大家。）是至交好友，皆才華橫溢，文思泉湧。

戴名世因家道衰落貧窮，無錢添購大量文史書籍，只好到南鄉一位明末遺老飽讀詩書的潘姓文士家裏閱讀大批藏書；當戴名世登門造訪潘府請求閱覽圖書時，潘氏有意測試名世才學，出了上聯：「**借米可充飢，借錢可醫貧，先生要閱書何用？**」戴名世不假思索，即恭敬說出下聯：「**學經以明道，學史以曉義，小子惟學問是求。**」潘氏內心一喜，就當下同意且準備好燭火與書籍，讓戴名世獨自留處看閱。

第二天一早，潘氏見戴名世自書房出來，就問：「讀得如何？」名世正經回答：「昨晚惠閱之書，皆已讀畢。」潘氏驚訝又問：「速度怎麼這麼快？」名世笑答：「我已習慣一目十行。」潘氏喜極，再出上聯：「**目及十行稱才子！**」名世即刻巧對：「**家藏萬卷謝恩師。**」自此，兩人成為師徒相互稱呼。

康熙四十年（1701），戴名世出版《南山集偶鈔》，乃思念家鄉南山並寄託情懷；四十四年（1705），他終於科中鄉試，掄為舉人，此年他已五十三歲；四十八年（1709），他又科考會試，奪得第一名（會元），成為貢

士；接續參加朝廷殿試，取得進士科第一甲第二名榜眼，擢授翰林院編修，時年五十七歲。

戴名世科中榜眼，文才顯現，又進入翰林當史官；惟「福禍相倚」，此時正大興文字獄，掌管監察糾彈的都獄史趙申喬挾怨彈劾奏報戴名世的《南山集》內，引述南明年號而未使用大清帝年號，眼中無清代，欺上大逆不道；康熙五十年，因《南山集》召禍，就被逮捕入獄，後判死。

傳聞，在戴名世這位翰林院編修臨刑當天，朝廷也特派一名翰林前去監斬。恰巧，也有一個木匠因建造宮殿失誤而遭捕下獄，正路過此，那位監斬翰林也想試試戴名世的詩才，隨即上聯：「**木匠做枷枷木匠**」，要戴名世對聯，名世馬上回以下聯：「**翰林監斬斬翰林。**」[21]

康熙五十二年（1713），戴名世被斬，含冤而死，得年六十一歲，葬於桐城南山庄；其所有著作，都遭燬禁。

《清史稿》與《清史》都有〈戴名世傳〉，文字幾乎同樣，惟《清史》版，在傳末加了「〔趙申喬〕側媚取寵」四個字，茲合參節錄摘要其傳略：

> 戴名世，桐城人。生而才辨雋逸，課徒自給。考得貢，授知縣，棄去自是往來各地，賣文為活。喜讀《太史公書》，考求前代奇節瑋行。時時著文

---

21 本文中的戴名世吟作，三則佳聯巧對，請參閱王鴻鵬、王凱賢、張蔭堂，《中國歷代榜眼》，〈戴名世〉，頁314-316。

以自抒湮鬱，氣逸發不可控御。嘗遇方苞京師，言曰：「吾胸中有書數百卷，其出也，自忖將有異於人人。然非屏居深山，足衣食，使身無所累，未能誘而出之也。」因太息別去。康熙四十八年，年五十七，始中式會試第一，殿試一甲二名及第，授編修。又二年而《南山集》禍作。名世所著《南山集》中，有稱明季三王年號。當是時，文字禁網嚴，都御史趙申喬奏劾《南山集》語悖逆，遂逮下獄。九卿覆奏，名世論死。申喬有清節，惟側媚取寵此獄，獲世譏云。名世為文善敘事，又著有《子遺錄》，紀明末桐城兵變事，皆燬禁，後乃始傳云。

十八、王鳴盛榜眼

　　王鳴盛（1722-1797），號西庄，又號西芷（西沚），江南太倉州嘉定（屬今上海）人，清高宗乾隆十九年（1754）莊培因榜進士科第一甲第二名榜眼。此年同榜第二甲第四名為紀昀（1724-1805，字曉嵐，《四庫全書》總編纂），第二甲第四十名是錢大昕（1728-1804，號竹汀，名著《廿二史考異》），所以該年的金榜，號稱「名榜」。

　　鳴盛的祖父為康熙中期舉人，父親為教書文士，可說是詩文傳家，書香門第。

　　他從小就聰明好學，及長，追從名儒沈德潛

（1673~1769，號歸愚，江蘇蘇州府長洲縣人，長壽九十七歲）學詩文；又師事經學大師惠棟（1697-1758，江蘇蘇州府吳縣人，為清代乾隆時期，考據學派代表人物），是兩位名儒大師及門弟子，後來他也成就為著名文史學家。

王鳴盛先於乾隆十二年（1747），參加科考鄉試通過，成為舉人；十九年（1754），前往京師禮部會試中式，轉為貢士，旋又投入朝廷御試，取得第一甲第二名榜眼，進士及第擢授翰林院編修，時年三十二歲。

隔年，擢升侍讀學士，充任日講起居注官；又擔任福建鄉試正考官；不久，晉升拜授內閣學士兼禮部侍郎官銜。

後因父親年歲已高需要照料奉養，王鳴盛就不再續任官職而回到家鄉，授課弟子經史詩文，以自給自足。

王鳴盛一生性情節儉樸素，不作聲色犬馬玩樂，時常靜室端坐，像寒士一般吟詩唸書。

他的歷史名著《十七史商榷》有一百卷，對於歷代史書中的〈紀〉、〈志〉、〈表〉、〈傳〉，相互考校，尋得異同；又在地理、官職、典章制度、名物等，詳細研考。

他還撰著有《西沚居士文集》，有詩才，富韻情；古文師用歐陽修、曾鞏文體筆法。

嘉慶二年（1797），王鳴盛年老辭世，享年七十六歲。

他與同時代的錢大昕（1728-1804，號竹汀，江蘇嘉

定人，名著有《二十二史考異》及趙翼（號甌北，1727-1814，江蘇常州府陽湖縣人，名著為《廿二史箚記》）等三位，皆是江蘇人，被推尊譽稱為清乾嘉年間三大歷史學家。

《清史稿·列傳》與《清史·列傳》都載錄有〈王鳴盛傳〉，今摘要節錄其傳略：

> 王鳴盛，嘉定人。幼從長洲沈德潛授詩，後又從惠棟問經義，遂通漢學。乾隆十九年，以一甲進士授翰林院編修。後擢侍讀學士。充福建鄉試正考官，尋擢內閣學士，兼禮部侍郎。丁內艱，遂不復出。鳴盛性儉素，無聲色玩好之娛，晏坐一室，咿唔如寒士。著《十七史商榷》一百卷，於一史中紀、志、表、傳互相稽考，因而得其異同，又於輿地、職官、典章、名物每致詳焉。其詩以才輔學，以韻達情。古文用歐、曾之法，有《詩文集》四十卷。嘉慶二年，卒，年七十六。

十九、孫星衍榜眼

孫星衍（1753-1818），字淵如，江南常州府陽湖縣（屬今江蘇武進）人，清高宗乾隆五十二年（1787）進士科第一甲第二名榜眼，時年三十五歲。

他的父親是一位舉人，當過知縣；星衍從小聰穎勤

學，在父親督教下，背誦如流，才識精進。

他與洪亮吉（1746-1809，字稚存，號北江）是同鄉，皆富文才，鄉里聞名，在未科考成功登第前，皆曾入畢沅府中當幕客，協助校訂編纂畢氏《續資治通鑑》成書刊印。

《隨園詩話》的作者，江南大才子袁枚（1716-1797，字子才，號隨園）在品閱看過孫星衍的詩文後，大為讚歎他是「天下奇才」並結為「忘年之交」（袁枚比星衍大三十七歲）。

孫星衍在科中榜眼後，依慣例擢授翰林院編修。

乾隆五十四年，任刑部主事，後升任員外郎；五十九年，擢升為刑部郎中。

他在刑部任職為官時，執法仁慈寬恕，碰到疑獄，就依古義來作評議，使得蒙冤屈者得以平反而活命，救助枉殺而保全性命的監獄案例很多；得致當時阿桂大學士與胡季堂刑部尚書的肯定器重。

清仁宗嘉慶四年（1799），因母親離世，孫星衍丁憂返鄉。之後，阮元浙江巡撫延聘星衍授課「詁經精舍」書院，他以經史、小學、天文地理、詩詞文章給書生講課；跟他學習的文士，後來不到十年，很多成為有名的撰述專家。

巡撫阮元賞識他的才器，呈奏皇帝恩准暫留，再等候時機擢補官職，蒙受皇上批示同意。

嘉慶十二年，代理權任布政使。十六年，因病請辭

官職歸鄉。

後來，他又在揚州書院主講，並主持鍾山書院。

孫星衍博覽羣籍，著述專勤；又喜好收輯古書，聽聞他人收藏有稀貴善本，就借來抄閱，日夜不停。

嘉慶二十三年（1818），孫星衍離世，卒年六十六歲。

《清史稿・列傳》有〈孫星衍傳〉，茲摘要節錄其傳略：

> 孫星衍，字淵如，陽湖人。少與同里洪亮吉、黃景仁文學相齊。袁枚品其詩，曰：「天下奇才」，與訂忘年交。星衍不欲以詩名，亦深究經、史、文字、音訓之學，旁及諸子百家，皆必通其義。乾隆五十二年，以一甲進士授翰林院編修。五十四年，改〔刑〕部主事，擢員外。官刑部，為法寬恕，大學士阿桂、尚書胡季堂悉器重之。有疑獄，令依古義平議，所平反全活甚眾。升郎中。嘉慶四年，丁母憂歸。浙撫阮元聘主「詁經精舍」；星衍課諸生以經史疑義及小學、天部、地理、詞章；不十年，舍中士皆以撰述名家。十二年，權布政使。十六年，引疾歸。星衍博極羣書，勤於著述。又好聚書，聞人家藏有善本，借鈔無虛日。二十三年，卒，年六十六。

二十、洪亮吉榜眼

洪亮吉（1746-1809），字稚存，號北江，生於清高宗乾隆十一年，江南常州府陽湖縣（屬今江蘇武進）人，為乾隆五十五年（1790）進士科第一甲第二名榜眼，時年四十五歲。

他先於乾隆三十四年（1769），二十四歲時，得中秀才；前往安徽學政朱筠（1729-1781，乾隆十九年進士，上書呈奏皇上同意開成「四庫全書」館）幕府，從事校對文書工作。乾隆四十五年（1780），洪亮吉參加科考鄉試成功，得中舉人；他前赴陝西西安襄助畢沅巡撫編纂《續資治通鑑》幕僚工作，參與許多地方縣志的編寫校刊工作。

科舉考試得中朝廷殿試榜眼後，依例擢授翰林院編修，撰修國史。

乾隆五十七年，派任順天府鄉試同考官；後又前往貴陽督任貴州學政；因貴州地處西南偏僻遠域，無典籍圖書，乃購置經、史、通典政事、文選等，提供各府書院收藏借閱，貴州文士學子始得授課治學。三年任滿，於乾隆六十年，返回北京繼續為官任職。

嘉慶二年（1797），洪亮吉入直上書房，教授皇曾孫奕純讀書。四年（1799），高宗乾隆太上皇駕崩；仁宗嘉慶帝開始親政，因大學士朱珪（朱筠弟）推薦，洪亮吉

參與纂修《高宗實錄》。

嘉慶皇帝頒發詔書，徵求能對朝廷國事直言進諫的人才。洪亮吉竟洋洋數千言，毫不避諱地大力批評許多貪污受賄朝臣弊政，請求朱珪大學士代奏並將疏言呈送給成親王。

親王將疏函轉呈皇帝，皇上遷怒亮吉言辭過分魯莽性急，直率愚拙，下旨革去官職，唯聖諭交待免死，發配邊域（新疆）伊犁。

未久，京師大乾旱，皇上祈禱下雨，沒有感應；即下旨特赦監獄囚犯及開釋戍守邊疆的人犯。又傳達聖旨諭知伊犁將軍釋放亮吉歸回。

才剛頒下詔令，隨即落雨，皇上特以詩文記載此事意謂：「本日親自口諭聖旨特赦，午夜十一時，居然驟下大雨甘霖，上天垂鑒，快速勝過呼吸，更加感受敬畏。」

亮吉發配到戍所，剛好一百天而得赦免歸來，自號「更生居士」，歸隱鄉居。

嘉慶十四年（1809），洪亮吉在家病世，得年六十四歲。

他編著有《固始縣志》、《登封縣志》等地方史地志書及《洪北江文集》等，多流傳於世。

《清史稿‧列傳》與《清史‧列傳》都記載有〈洪亮吉傳〉，今節錄摘要其傳略：

　　　　洪亮吉，字稚存，江蘇陽湖人。少孤貧，力學。

初佐安徽學政朱筠校文，繼入陝西巡撫畢沅幕，為校刊古書。詞章考據，著於一時，尤精輿地。乾隆五十五年，成第一甲第二名進士，授翰林院編修，年已四十有五。性豪邁，喜論當世事。分校順天鄉試。督貴州學政，以古學教士，地僻無書籍，購經、史、通典、文選置各府書院，黔士始治經史。任滿回京，入直上書房，授皇曾孫奕純讀。嘉慶四年，高宗崩，仁宗始親政。大學士朱珪書起之，供職，與修《高宗實錄》。又上書言事，書達成親王，以聞，上怒其語戇，落職，面諭勿加刑，免死遣戍伊犁。明年，京師旱，上禱雨未應，命清獄囚，釋久戍。傳諭伊犁將軍，釋亮吉回籍。詔下而雨，御製詩紀事，注謂：「本日親書諭旨，夜子時甘霖大沛，天鑒捷於呼吸，益可感畏。」亮吉至戍甫百日而赦還，自號更生居士。後十年，卒於家。所著書多行世。

二十一、馮桂芬榜眼

　　馮桂芬（1809-1874），江南蘇州府吳縣（屬今江蘇蘇州）人，清宣宗道光二十年（1840）進士科第一甲第二名榜眼，此年他三十一歲。

　　馮桂芬祖輩屬名門望族，詩書傳家；他從小聰明好學，看書能一目數行。

　　道光十二年（1832），他參加科考鄉試，取得舉人身份；二十年，又進京禮部會試成功，得為貢士，旋再參與朝廷御試，考上進士及第，金榜題名榜眼。依照慣例，賜授翰林院編修，掌修國史。

　　道光二十三年，授任順天府（今北京）鄉試同考官；二十四年，擔任廣西鄉試正考官。

　　文宗咸豐皇帝登基即位，馮桂芬赴任浙江鄉試副考官；二年，督學陝甘；此時，皇上頒發求賢令，諭詔朝廷內外大臣提舉賢能人才；潘世恩（1769-1854，蘇州人）大學士推薦林則徐、姚瑩與馮桂芬，桂芬得蒙咸豐帝召見垂詢。

　　不久，太平天國洪秀全等軍隊勢力，順著長江東流而下，掠奪湖北、江西交界的九江，再向東取下安徽安慶、蕪湖等地，咸豐三年，金陵（南京）淪陷。

　　馮桂芬家鄉蘇州地位重要，富甲天下；皇上詔令他在蘇州城鄉辦理團練，招募壯丁，捐輸糧餉；有功勞，而蒙賞五品頂戴。

　　咸豐十一年（1861），馮桂芬參與江浙地區官紳與英、法、美等駐華領事所組織的「會防局」，主張借用洋槍、洋砲以光復南京、蘇州等地。他上書請求曾國藩用兵，旋調派李鴻章與曾國荃率軍到江蘇，擊潰太平軍，平定有功。

　　同治元年（1862），馮桂芬被李鴻章賞識，延攬為幕僚；二年（1863），在他的建議下，李鴻章設立「廣方言

館」，尋求博通西學實用人才；又在上海設置「同文館」，培養通達西學之翻譯人才；桂芬再建議李鴻章同意減徵蘇州百姓米糧賦稅重擔；同治四年（1865），同治皇帝召見馮桂芬；六年（1867），因馮桂芬辦理蘇州、松江（上海附近）團練有功，賜賞四品頂戴。同治九年（1870），李鴻章上書呈奏，以桂芬獻策設置「廣方言館」，達致博通西學；品學端正，體用兼備，事績卓著，特蒙獎勵欽賞三品官銜。

馮桂芬除專精經史之外，他對天文、地理、兵事、河漕等，也窮心研治；他最有名的撰著而留傳後世敬重的是兩卷四十篇的《校邠廬抗議》，上卷二十一篇，下卷十九篇，卓識宏議，為經國大計，改革陳議之政論著篇，諸如：〈汰冗員議〉、〈興水利議〉、〈改河道議〉、〈變科舉議〉、〈廣取士議〉、〈制洋器議〉、〈采西學議〉等，致力改革當時腐朽弊政，議中要害，而采用西學，製造洋器，議謀國富民強思想；此書在咸豐十年（1860）撰成，而於光緒九年（1883）刊行天律；對清季的洋務派與維新變法派人士，有很深刻廣遠影響。

晚年，他喜愛在春秋佳日遊山玩水，闢地築屋憑眺湖光山色；又撰修有《蘇州府志》。

同治十三年（1874），馮桂芬在家鄉離世，享年六十六歲。

他仙逝後，蘇州士紳民眾奉祀立祠紀念他，而《蘇州府志》也在光緒九年（1883）雕版付印刊行於世。

《清史稿·列傳》有〈馮桂芬傳〉，此摘記節要其傳略：

> 馮桂芬，吳縣人。道光二十年一甲二名進士，授編修。充廣西鄉試正考官。文宗御極，用大臣薦召見。旋金陵陷。詔募團練於鄉，以克復松江府諸城功晉五品銜。同治元年，以治團功加四品銜。亂定，復以耆宿著書襄治加三品銜。桂芬於書無所不窺，尤留意天文、地輿、兵刑、塩鐵、河漕諸政。自未仕時已名重大江南北。及〔太平軍〕陷蘇州，時大學士曾國藩治軍皖疆，蘇州士大夫持書乞援，陳滬城危狀，及用兵機宜，累數千言，其稿，桂芬所手創也。國藩讀之感動，乃遣李鴻章率師東下。既解滬上圍，進克蘇州，皆辟以為助。桂芬立「會防局」，調和中外。設廣方言館，求博通西學之才，儲以濟變。嘗從容為鴻章言吳人糧重之苦，往往因催科破家。鴻章以聞，有詔減蘇〔州〕、松〔江〕、太〔倉〕賦三之一，常〔州〕、鎮〔江〕十一，著為令。桂芬性恬澹，服官僅十餘年，然遇事奮發，不避勞怨。先後主講金陵、上海、蘇州諸書院，與後進論學，昕夕忘倦。著《校邠廬抗議》。同治十三年，卒。

二十二、徐乾學暨徐秉義探花

　　徐乾學生於明末思宗崇禎四年（1631），江南蘇州府昆山（今江蘇昆山縣）人，清聖祖康熙九年（1670）進士科第一甲第三名探花，此年三十九歲。

　　他大弟徐元文，是清世祖順治十六年（1659）狀元，二弟徐秉義為康熙十二年（1673）探花，一門三俊彥，時推尊譽稱「昆山三徐（兄弟）」；而撰著文史地理名著《日知錄》、《天下郡國利病書》、《亭林文集》的顧炎武（1613-1682），則是他們的母舅。

　　徐乾學因家學淵源，從小就聰穎好學，八歲就會寫文章，在為官任職與返鄉後的一生中，長期都以文名著稱於世。

　　他參加朝廷御試掄中探花後，依例擢授翰林院編修，撰修國史，開始他的職場功名生涯。

　　康熙十一年，派任順天府鄉試副考官；十四年，擢任日講起居注官；二十二年，為翰林院侍講；後升任侍講學士；二十四年，晉升為內閣學士，入值南書房；旋又出任《大清會典》、《大清一統志》纂修副總裁，教習庶吉士；二十五年，擢任禮部侍郎、充經筵講官；二十六年，升任左都御史並兼《一統志》編纂局總裁，旋又晉升刑部尚書；二十七年，擢任禮部會試主考官；二十八年（1690）冬，乾學上書康熙皇帝疏言略謂：「臣年已

六十，精神漸衰弱，感念皇上深重恩澤，乞請返鄉。」皇帝准予給假回鄉，下旨褒揚嘉勉，詔命攜帶書籍回家編輯；二十九年春，敬向皇上告辭，特賜御筆親書「光燄萬丈」匾額。

康熙三十三年（1694）七月，皇上特諭大學士推舉擅長文章而學問高超卓越人士，張玉書大學士推薦徐乾學、王鴻緒與高士奇，詔命前來京師纂修書籍；惟乾學已先在同年四月病卒，得年六十四歲。

臨終，遺有疏言奏呈他所纂修的《一統志》，進獻朝廷皇上。

徐乾學生有五個兒子，皆參與科舉考試，得中康熙年間進士，朝廷鄉里都賀稱為模範典型的「五子登科」。[22]

《清史稿·列傳》有〈徐乾學傳〉，茲摘錄節要其傳略：

> 徐乾學，江南崑山人。幼慧，八歲能文。康熙九年，一甲三名進士，授編修。十一年，順天鄉試副考官，尋充日講起居注官。二十四年，直南書房，擢內閣學士，充《大清會典》、《一統志》副總裁，教習庶吉士，時乾學日侍左右，凡著作之任，皆以屬之。未幾，遷禮部侍郎，直講經筵。

二十六年，遷左都御史，擢刑部尚書。二十七年，典會試。二十八年冬，乾學上疏言：「臣年六十，精神衰耗，祇以受恩深重，依戀徘徊，乞恩歸省。」乃許給假回籍，降旨褒嘉，命攜書籍即家編輯。二十九年春，陛辭，賜御書「光燄萬丈」榜額。三十三年，諭大學士舉長於文章學問超卓者，張玉書薦乾學與王鴻緒、高士奇，命來京修書。乾學已前卒，遺疏以所纂《一統志》進，詔下所司，復故官。

徐秉義（1634-1711），號果亭，江南蘇州府昆山（今江蘇昆山）人，清聖祖康熙十二年（1673）進士科第一甲第三名探花，時年四十歲。

他的大哥徐乾學是康熙九年（1670）探花，二哥徐元文為順治十六年（1659）狀元，同胞兄弟掄中「三鼎甲」，登第功名顯達，乃科舉史上佳話美事。

秉義科中探花後，依慣例擢授翰林院編修，當史官；十四年，典任浙江鄉試正考官；二十二年，與兄長乾學奉詔纂修《大清一統志》，旋升翰林院侍講；三十六年，充任日講起居注官；三十九年，升為禮部侍郎、吏部侍郎，任禮部會試正考官；四十年，充經筵講官；四十一年，擢任順天府鄉試主考官；四十二年，晉升內閣學士兼禮部侍郎；四十三年（1704），已七十一歲年老，乞假歸鄉。四十四年春，康熙皇帝下江南巡視，途經蘇州，

專程到昆山徐家園邸遊賞，親筆惠書「恭謹老成」匾額，
欽賜徐秉義。

徐秉義飽讀群書，博通經史，得享文名，譽滿京師
及鄉里，為人又老實穩重，高風亮節，朝野尊敬感佩。

他卒於康熙五十年（1711），享壽七十八歲。

二十三、趙　翼探花

趙翼（1727-1814），字耘松，號甌北，出生於清世
宗雍正五年（1727），江南常州府陽湖縣（屬今江蘇武進）
人；清高宗乾隆二十六年（1761）王杰榜進士科第一甲
第三名探花；此年同榜，還有一位歷史名人陸錫熊（《四
庫全書》副總編纂），他是第二甲第六十六名。[23]

趙翼的先祖為宋朝皇廷趙匡胤宗室後代，父親是家
塾老師。民國現代著名語言學家趙元任（1892-1982，江
蘇武進人，胡適康乃爾大學同學，後轉入哈佛大學深造；
耶魯、柏克萊大學教授；夫人楊步偉醫師，女公子趙如
蘭教授。）是趙翼的第六世孫。[24]

趙翼從小聰明好學，六歲時啟蒙，跟隨父親於書塾
授課讀書；十二歲即會寫文章，且一天內能完成七篇；
乾隆十四年（1749），他二十二歲，前往京師，因文名而

---

23 文史哲出版社，《明清進士題名碑錄索引》，《乾隆二十六年題名碑錄》。
24 參閱杜維運，《趙翼傳》，〈自序〉，頁 14 與 24；〈家世〉，頁 3~5。

得受劉統勛（1699-1773，官至東閣大學士兼軍機大臣，子劉墉石庵）大學士的賞識青睞。十五年（1750），趙翼在京城參加科考順天府鄉試，掄中舉人；二十一年，為官任職軍機處章京。

乾隆二十六年，參加朝廷殿試，當時兆惠將軍（1708-1764，滿人正黃旗，回京後任協辦大學士兼刑部尚書）剛自西疆天山南北路平定而凱旋歸來，皇上龍心大悅，就派他與劉統勛大學士等共九位，一起擔任閱卷大臣讀卷官，因兆惠滿人，不識漢字，皇上詔令以讀卷佳作畫圈數即可。

結果，只有趙翼獨得九個圈，主考官們同推舉趙翼第一名(陝西人王杰為第三名)；皇上認為趙翼卷文自佳，唯江浙多狀元，無足異，而本（大清）朝，陝西尚未有過狀元；又當兆惠將軍西師凱旋歸來，而王杰卷已至第三，即給他一狀元，亦不為過；皇上因以王杰卷與趙翼卷互易；趙翼由狀元屈置第三名探花。[25]

趙翼科舉掄中探花後，依例擢授翰林院編修，充修國史；二十七年，派任順天府鄉試同考官；二十八年，擢任會試同考官；三十年，升任順天府主考官。三十一年冬季，遠赴南方廣西鎮安府知府；三十五年，調任廣東廣州府知府。

三十八年，他以老母年事已高，需要奉養陪侍理由，

---

25 趙翼，《簷曝雜記》，卷二，〈辛巳殿試〉；杜維運，《趙翼傳》，頁 51~52，〈艱難的一第〉。

奏請同意乞假回鄉，不再復出任官職。

後來，他四處旅歷，遊山賞水，吟詩行文，鄉居撰述歷史著作與文學作品，過著悠閒而又充實的生活日子。

他與同代的袁枚（1716~1797，字子才，號隨園，《隨園詩話》作者）、蔣士銓（1725-1785，翰林詩人）齊名，被推尊為乾隆年間三大詩人。

他的至交好友，還有史學家錢大昕（1728-1804，《二十二史考異》作者）、王鳴盛（1722-1797，名著有《十七史商榷》）、盧文弨（1717-1795，著有《抱經堂集》）；文士詩客袁枚、蔣士銓、姚鼐（1732-1815，名著有《古文辭類纂》）；而且趙翼因長命高壽八十八歲，晚年也提攜晚輩，廣接後進，如孫星衍（1753-1818）、洪亮吉（1746-1809）等文人。[26]

趙翼飽讀詩書，博覽群籍，才高精通，尤擅長於史學，他所撰著的《二十二史劄記》與王鳴盛的《十七史商榷》及錢大昕的《二十二史考異》，被稱譽為清代乾嘉時期三大史學名著。

他的文史名著還有《甌北詩鈔》、《甌北詩話》、《甌北文集》、《陔餘叢考》、《簷曝雜記》、《皇朝武功紀盛》、《隨園食單》等。

清仁宗嘉慶十五年，趙翼重赴「鹿鳴宴」賞宴，皇

---

26 杜維運，《趙翼傳》，頁113，〈林泉生活〉；與頁266，〈廣接後進〉。

上欽賜他三品官銜；四年後，嘉慶十九年（1814），趙翼
年老離世，享年八十八歲。

　　《清史稿‧列傳》與《清史‧列傳》皆有〈趙翼傳〉，
茲節要摘錄其傳略，以資印證上文所述。

　　　趙翼，字耘松，陽湖人。年十二，為文，一日成
　　七篇，人奇其才。乾隆十九年，由舉人用，入直
　　軍機，大學士重之。二十六年，成進士，殿試擬
　　一甲第一，王杰第三。高宗謂陝西自國朝以來，
　　未有以一甲一名及第者，遂拔杰而移翼第三，授
　　編修。出知鎮安府，尋調守廣州，後乞歸，不復
　　出；以著述自娛，尤邃史學，著《廿二史劄記》、
　　《皇朝武功紀盛》、《陔餘叢考》、《簷曝雜記》、《甌
　　北詩集》。嘉慶十五年，重宴鹿鳴，賜三品銜。卒，
　　年八十六〔八〕。同時袁枚、蔣士銓與翼齊名，而
　　翼有經世之略，未盡其用。詩才亦優也。其同里
　　學人後於翼而知名者，有洪亮吉、孫星衍、黃景
　　仁等。

二十四、王引之探花

　　王引之（1769-1834），清高宗乾隆三十四年出生，
江南揚州府高郵（今江蘇高郵縣）人，清仁宗嘉慶四年
（1799）進士科第一甲第三名榜眼，時年三十歲。

　　引之的祖父王安國，官至吏部尚書；父，王念孫，乾隆四十年進士，曾任工部主事，陝西道御史，禮部尚書；為乾嘉時期，著名經學高郵派文士學者，名著有《讀書雜志》，屬官宦世家，書香門第。

　　王引之從小聰穎好讀，家學淵源，幼承父祖，加上父親調教影響，勤於學問撰述，尤其精研經義。

　　嘉慶四年科考，取得進士及第掄中探花後，依例擢授翰林院編修，入修國史；六年，赴任貴州鄉試正考官；八年，擢升翰林院侍講；九年，升為右春坊右庶子，充湖北鄉試正考官；十二年，提督河南學政；十三年，轉調左庶子；同年十二月，晉升翰林院侍講學士；十四年，轉為侍讀學士；十六年，充任日講起居注官；十八年，升任太僕寺卿、大理寺卿；十九年，提督山東學政；二十一年，擢升都察院左副都御史；二十二年，充禮部會試知貢舉，旋為禮部左侍郎；二十三年，充浙江鄉試正考官；二十四年，任禮部會試副主考官，旋署兵部左侍郎，同年十二月，調任吏部右侍郎。

　　宣宗道光元年，任浙江鄉試正考官，旋為經筵講官；二年，充殿試讀卷官，同年八月，署刑部左侍郎；四年，署戶部左侍郎；五年，調戶部右侍郎；七年五月，晉升工部尚書，充武英殿總裁；八年，署戶部尚書；九年，為吏部尚書；十年，調禮部尚書；十一年，再為工部尚書；**吏、戶、禮、兵、刑、工六部全數經歷做過，且身居侍郎、尚書高位，資歷特別完整，極為難得罕見。**

　　王引之與父親王念孫撰述著作豐富，為乾嘉年代有
名文士學者，自成一家，時人尊稱經學南派「高郵王氏
父子」之學，後來學者名家，如俞樾（1821-1907，號曲
園，有《春在堂全書集》傳世）、章太炎（1869-1936，
又名炳麟，有《章太炎全集》流傳後世）等，為高郵王
氏父子學派之後繼者。

　　道光十四年（1834），王引之離世，得年六十六歲，
頒諡文簡。

　　《清史稿・列傳》（儒林二）有〈王引之傳〉，字句
較少，附傳於其父〈王念孫傳〉之後，茲摘要併為節錄
其傳略：

> 　　王念孫，高郵州人。父安國，官吏部尚書。八歲，
> 讀《十三經》畢，旁涉史鑑。高宗南巡，以大臣
> 之子迎鑾，獻文冊，賜舉人。乾隆四十年進士，
> 選翰林院庶吉士，改工部主事。升郎中，擢陝西
> 道御史。嘉慶四年，仁宗親政；念孫首劾大學士
> 和珅，疏語援據經義，大契聖心。道光五年，重
> 宴鹿鳴；卒，年八十有九。念孫精熟水利書，官
> 工部，既罷官，日以著述自娛，著《讀書雜志》
> 等。論者謂有清經術獨絕千古，高郵王氏一家之
> 學，三世相承。引之，嘉慶四年一甲進士，授編
> 修。擢侍講。為禮部侍郎，歷官至工部尚書。道
> 光十四年，卒，諡文簡。

二十五、張之洞探花

　　張之洞（1837-1909），字香濤，直隸南皮（今河北南皮）人，因此，世人又稱他為「張南皮」，生於清宣宗道光十七年，清穆宗同治二年（1863）進士科第一甲第三名探花，此年二十六歲。

　　他的父親是舉人，當過知縣、知府；而道光二十七年（1847）的狀元張之萬，為他堂兄；所以從小就眼光遠大，心富謀略，閱覽辭賦文章廣博，背記能力超絕一般人。十六歲，參加科舉考試得鄉試第一名解元；同治二年掄中進士，朝廷御試策對取得第一甲第三名，依例擢授翰林院編修，開始他為官任職功名生涯。

　　同治六年，派任浙江鄉試副考官，旋命出督湖北學政；十二年，充四川鄉試副考官，不久擢為四川學政；提攜取用文士多俊才，遊學他門下的，都私下歡喜取得治學途徑，因他刻板《書目答問》國學知識給西蜀學子課讀。

　　光緒初年，之洞凡遇朝廷大事，都敢上疏奏言。六年二月，擢授翰林院侍講；五月，調升侍讀，授右春坊右庶子；七月，又升任為日講起居注官；當時，之洞與陳寶琛(1848-1935,同治七年進士)、張佩綸(1848-1903，同治十年進士)等，愛談時政，彈劾腐朽，號稱清流人士。七年二月，擢授侍講學士，同年六月，晉升內閣學

士兼禮部侍郎；十一月，又升授山西巡撫。光緒十年春，
晉見皇上；四月，升任兩廣總督。當時，中、法於安南
（今越南）戰事，之洞提拔驍勇戰將劉永福對抗法軍；
又上疏奏請派遣宿將馮子材扼守鎮南關（今中越邊界友
誼關），大戰法軍，得致諒山大捷。清廷敘賞之洞諒山功
勞，賜與花翎。

張之洞總督創設廣東水陸師學堂、槍砲廠、礦物局，
上疏奏請水師專款進購兵艦；又在廣州創立廣雅書院，
文事武備併舉；十二年，又兼任巡撫。十五年十一月，
調任湖廣總督。

十六年，上疏奏開漢陽鍊鐵廠，又設槍砲廠；再於
荊襄設立織布、紡紗局，從此湖北財政饒富興盛。

光緒二十一年，兼署兩江總督，購進新砲，改建西
式砲台保障長江防務，專設將兵巡守；不久，又回任湖
廣總督。

甲午戰後，國勢受挫，朝廷內外請求變法，廢八股
文。

光緒二十四年（1898）三月，張之洞撰述其著名代
表作《勸學篇》，分內、外兩篇，內篇有九篇，外篇計十
五篇，凡二十四篇。

《內篇》第七篇〈循序〉指出：學（新）西學前，
必先通（舊）中學，以免數典忘祖；第八篇〈守約〉提
到，講求西學，須以中學為根本，取人之長，補己之短，
方不為西學所惑。

　　《外篇》第二篇〈遊學〉，主張送學生到外國留學；第三篇〈設學〉，認為要造就新人才，就要廣設新式教育學堂，於京師及各省省會設立大學堂，道府設中學堂，州縣設小學堂。第五篇〈廣譯〉：以為要講「西學」，就要翻譯西洋名著，或由日文轉譯。第七篇〈變法〉，第八篇〈變科舉〉，第十三篇〈會通〉，要中西會通，必以中學為本，西學為用。

　　他在《勸學篇》序文說：「圖救時者，言新學；慮害道者，守舊學，莫衷一是。」又說：「舊者（保守派）不知通，新者（維新派）不知本。不知通者，無應敵制變之術；不知本者，則有非薄名教之心。」[27]

　　張之洞「中學為體西學為用」主張，在當時具有時代意義，為比較妥善、進步的見解，合乎中庸之道西化途徑。因「體」、「用」範圍隨雙方各自見解作不同銓釋，守舊而維護中國傳統者，可將「體」儘量放大，而將「用」儘量縮小；開明而倡導西化者，可將「用」儘量擴大，而將「體」儘量縮小。「中體西用」緩和了傳統與西化的衝突，又彌補了兩者之間裂痕；更絕妙的作用是，兩者都兼顧包融，求新西化倡導者與守舊傳統堅持者，都需稍作讓步，但兩方都可得到安慰，不致於過份委屈悲憤；因激進追求西化者，雖不能全盤西化，卻有「西學」為用；而守舊堅持傳統者，雖終究不能完全保住傳統，卻

---

27 張家珍，《巧宦張之洞》，頁 77~85，〈勸學篇〉。孫廣德，《晚清傳統與西化的爭論》，〈中體西用〉，頁 160-166。

有「中學」為體，可堪告慰。[28]

光緒二十六年(1900)，京師爆發八國聯軍庚子之亂，當時的兩江總督劉坤一、兩廣總督李鴻章、山東巡撫袁世凱，邀託張之洞總督一起與在華外國領事簽成〈東南互保協定〉；及慈禧西幸，聯軍入京，而東南無戰事；隔年，辛丑和議，回鑾北京，敘賞之洞有功，加授太子少保銜。

之洞又上疏奏言，中國積弱不振之因，宜有變通，其至要者，在停科舉、設學堂、獎遊學，辦新式教育，提拔新人才。

光緒三十年(1904)，朝廷辦理最後一次科舉考試。

光緒三十一年(1905)，張之洞與袁世凱等大臣，再次上疏聯奏，終於廢止實施約一千三百年的科舉考試，開始實施新式教育，掄取人才。

三十二年，之洞擢升協辦大學士，不久，又晉升體仁閣大學士，授軍機大臣，兼管學部，等同相位。

光緒三十四年(1908)十月，光緒皇帝與慈禧皇太后在兩日內相繼崩逝；之洞以「顧命重臣」加授太子太保銜。

宣統元年(1909)八月，張之洞疾卒，享年七十三歲，頒諡文襄，入祀賢良祠。

綜觀張之洞的一生，多彩多姿，在翰林院十八年，

---

28 孫廣德，前引書，頁 171~172。

任山西巡撫三年，總督二十三年（兩廣總督六年，湖廣總督十七年，之間短期兼署兩江總督），終生最後階段任大學士暨軍機大臣相位三年，可說是轟轟烈烈的清季重臣要人，為中國近代史上的關鍵人物。[29]

他留有《書目答問》、《勸學篇》、《張文襄公全集》傳於世。

《清史稿·列傳》與《清史·列傳》都記載有〈張之洞傳〉，今合參而摘要節錄其傳略，並資證上文所概述。

> 張之洞，字香濤，直隸南皮人。少有大略，務博覽為詞章，記誦絕人。年十六，舉鄉試第一。同治二年，成進士，廷對策，用一甲三名授編修。六年，充浙江鄉試副考官，旋督湖北學政。十二年，典試四川，就授學政。所取士多雋才，遊其門者，皆私自喜得為學途徑。光緒初，之洞以文儒致清要，遇事敢為大言。六年，授侍講，再遷庶子。之洞喜言事，同時陳寶琛、張佩綸輩崛起，糾彈時政，號為清流。七年，由侍講學士擢閣學。旋授山西巡撫。八年，法越事起，建議當速遣師赴援。十年春，入覲。四月，兩廣總督解任，遂以之洞代。劉永福將者，素驍勇，與法抗。之洞

---

29 莊練（蘇同炳），《中國近代史上的關鍵人物》（上），〈張之洞〉，頁 132-133。

復奏遣提督馮子材宿將，扼鎮南關，殊死戰，遂
克諒山。敘克諒山功，賞花翎。之洞圖強，設廣
東水陸師學堂，創槍砲廠，開礦物局。疏請大治
水師，歲提專款購兵艦。復立廣雅書院。武備文
事並舉。十二年，兼署巡撫。在粵六年，調補兩
湖。之洞奏開煉鐵廠於漢陽，兼設槍砲鋼藥廠。
又以荊襄設織布、紡紗諸局，由是湖北財賦稱饒
日興。二十一年，代劉坤一督兩江，至則巡閱江
防，購新砲，改築西式砲臺，設專將專兵領之。
廣立武備、鐵路。尋還任湖北。時國威新挫，朝
士日議變法，廢時文。之洞言：「廢時文，非廢五
經、四書也，不讀經文，背道忘本。」二十四年，
政變作，之洞先著《勸學篇》以見意，得免議。
二十六年，京師拳亂，時坤一督兩江，鴻章督兩
廣，袁世凱撫山東，要請之洞，同與外國領事定
保護東南之約。及聯軍內犯，而東南幸無事。明
年，和議成，回鑾；論功，加太子少保。與坤一
上變法疏，其論中國積弱不振之故，宜變通事；
其尤要者，則設學堂，停科舉，獎遊學，皆次第
行焉。二十八年，再署兩江總督。三十二年，晉
協辦大學士。未幾，內召，擢體仁閣大學士，授
軍機大臣，兼管學部。三十四年，督辦粵漢鐵路。
德宗暨慈禧皇太后相繼崩，之洞以顧命重臣晉太
子太保。逾年，疾卒，年七十三，朝野震悼。諡
文襄。之洞短身巨髯，風儀峻整。蒞官所至，必

有興作。愛才好客，名流文士爭趨之。任疆寄數十年，及卒，家不增一畝云。論曰：德宗親政，憤於外侮，思變法自強。戊戌之禍，庚子之亂，繼而作，太后再出垂簾。宣統改元，而大勢不可問矣。之洞一時稱賢，欲挽救而未能，遂以憂卒，邦國殄瘁，尚何言哉。

附錄　歷代科舉（文舉）考試
大事記

隋煬帝大業年間（元年至三年，西元 605 年-607 年）

　　創始科舉考試進士科。

唐高祖武德五年（622）

　　咸認孫伏加為科舉史上第一位狀元。

唐玄宗開元九年（721）

　　王維科中狀元。

唐憲宗元和三年（808）

　　柳公權掄中狀元。

宋太祖開寶六年（973）

　　太祖趙匡胤親御覆試，創立科考殿試制度。

宋太宗太平興國二年（977）

　　呂蒙正科中狀元。

宋太宗太平興國八年（983）

　　殿試開始分有一、二、三甲制。

宋太宗淳化三年（992）

　　殿試開始糊名、鎖院（入闈）制度。

宋眞宗大中祥符二年（1009）

「別錄本考校」，實施試卷「謄錄」制度，考官與舉子無法以筆跡認人，徇私舞弊。

宋仁宗天聖二年（1024）

宋庠科取狀元，連中三元及第。

宋仁宗天聖五年（1027）

韓琦掄中榜眼。

宋仁宗天聖八年（1030）

王拱辰科中狀元。

南宋高宗紹興二十四年（1154）

張孝祥掄中狀元。

南宋理宗寶祐四年（1256）

文天祥科中狀元。

明太祖洪武三年（1370）

下詔科舉取士，定鄉試（秋季舉行，秋闈）、會試（春季舉辦，春闈）、殿試（御試、廷試）。

明太祖洪武十七年（1384）

科考限定自《四書》內出題，限定採用朱熹《四書集注》；至明憲宗成化年間（1464~1487），八股文終形成定制格式步驟文體。

明思宗崇禎四年（1631）

吳偉業科中榜眼。

清聖祖康熙十二年（1673）

王鴻緒掄中榜眼。

清高宗乾隆十九年（1754）

王鳴盛（《十七史考椎》作者）取中榜眼。

清乾隆二十五年（1760）

畢沅科中狀元。

清乾隆二十六年（1761）

詔定殿試前十名卷子進呈皇上欽閱。

清乾隆二十六年（1761）

趙翼（《二十二史箚記》作者）掄中探花。

清乾隆五十二年（1787）

孫星衍考中榜眼。

清道光二十年（1840）

馮桂芬掄中榜眼。

清文宗咸豐六年（1856）

翁同龢掄中狀元。

清穆宗同治二年（1863）

張之洞科中探花。

清穆宗同治七年（1868）

洪鈞考中狀元。

清光緒二十一年（1895）

康有為、梁啟超等聯合至京應試舉人一千三百餘位
「公車（舉人）上書」光緒皇帝，請廢科舉、變法、
興學校。

清光緒二十四年（1898）

光緒帝詔廢八股文取士（戊戌變法），旋遭慈禧太后

　　暨保守派后黨人士發動「戊戌政變」反對。

清光緒三十年（1904）

　　舉辦最後一次科舉考試，劉春霖掄中狀元，後來在
　　其《六十自述》言：「第一人（狀元）中最後人」。

清光緒三十一年（1905）

　　八月，袁世凱、張之洞等大臣再聯奏罷廢科考，清
　　廷終頒詔廢止行之約一千三百年的科舉考試。

參考書目

王定保，《唐摭言》，浙江古籍出版社，1986。

王剛、彥平，《歷代文武狀元》，中國文聯出版社，2000。

王道成，《科舉史話》，中華書局，1988。

王鴻鵬、王凱賢、張蔭堂，《中國歷代探花》，中國農業
　　出版社，2002 年。

王鴻鵬、王凱賢、張蔭堂，《中國歷代榜眼》，中國農業
　　出版社，2004 年。

王鴻鵬、王凱賢、肖佐剛、張蔭堂，《中國歷代文狀元》，
　　中國農業出版社，2004 年。

王鳴盛，《十七史商榷》，一百卷，商務，1959 年。

王念孫，《讀書雜志》，上海古籍出版社，2014 年。

毛佩琦主編，《中國狀元大典》，雲南人民出版社，1999
　　年。

文史哲出版社，《明清進士題名碑錄索引》，民國七十一
　　年（1982）。

朱沛蓮，《清代鼎甲錄》，（台灣）中華書局，民國五十七
　　年（1968）。

杜佑，《通典》，中華書局，1984。

吳偉業，《（吳）梅村集》，文淵閣《四庫全書》（集部）。

李宗侗，《中國史學史》，文化大學出版，民國 80 年 11 月。

杜維運，〈趙翼之史學〉，《大陸雜誌》，22 卷 7 期，民國五十年四月。

杜維運，《清乾嘉時代之史學與史學家》，台大文史叢刊，民國五十一年（1962）。

杜維運，《趙翼傳》，時報，民國七十二年（1983）。

李嘉球，《蘇州狀元》，上海社會科學院，1993 年。

李嘉球，《蘇州狀元》，蘇州大學，1999 年。

車吉心、劉德增主編，《中國狀元全傳》，山東美術出版社，1993 年。

李金華，《畢沅及其幕府史學成就研究》，花木蘭文化出版社，2014 年。

何忠禮，〈狀元、榜眼、探花名稱探源〉，《杭州大學學報》，1983 年第三期。

周腊生，《明代狀元譜·奇談》，紫禁城出版社，1993 年。

周腊生，《清代狀元譜·奇談》，紫禁城出版社，1994 年。

周腊生，《宋代狀元譜·奇談》，紫禁城出版社，1999 年。

周腊生，《唐代狀元譜·奇談》，紫禁城出版社，2002 年。

林存陽，《乾嘉〔畢沅等〕四大幕府研究》，中國社科出版社，2016 年。

金毓黻，《中國史學史》，鼎文書局，1998 年。

宛新彬，《張孝祥資料彙編》，中華書局，2006 年。

馬端臨，《文獻通考》，中華書局，1986 年。

高明士，〈隋代的教育與貢舉〉，（上、下），《大陸雜誌》，
　　69 卷 4、5 期，1984 年 10 月。

高明士，《隋唐的貢舉制度》，文津出版社，1999 年。

徐應秋，《玉芝堂談薈》，上海古籍出版社。

翁同龢，《翁同龢日記》，全八卷，頁 3817~3878，〈自訂
　　年譜〉，（上海）中西書局，2012 年。

馮桂芬，《校邠廬抗議》，文海出版社。

畢沅，《續資治通鑑》，二百二十卷，中華書局，1988 年。

張之洞，《書目答問》，（台灣）商務，民國五十七年
　　（1968）。

張之洞，《勸學篇》，光緒二十四年三月；文海出版社印
　　行。

張之洞，《張文襄公全集》，文海出版社。

張謇，《張謇日記》，頁 987~1049，〈自訂年譜〉，（上海）
　　世紀出版社，2017 年。

商衍鎏，《清代科舉考試述錄》，（天津）百花文藝出版
　　社，2004 年。

國防研究院，《清史》，五百五十卷，民國五十年（1961）
　　鉛印本，成文出版社印行。

許嘉璐、安平秋主編，《二十四史全譯》，（上海）世紀出
　　版集團，2004 年。（舊、新唐書，宋史，明史，清
　　史稿）。

莊練（蘇同炳），《中國近代史上的關鍵人物》（張之洞、

翁同龢等）；（北京）中華書局，1988 年。

焦竑，《國史經籍志》，粵雅堂叢書本。

傅璇琮主編，《唐才子傳校箋》，全五冊，中華書局，
　　1987~1995 年。

黃玉笙，《文天祥評傳》，黎明，民國七十六年（1987）。

黃佩玉，《張孝祥研究》，（香港）三聯書局，1993 年。

楊慎，《楊升庵全集》，（四川）新都重刊本。

楊家駱主編，《舊唐書》、《新唐書》，《宋史》，《明史》，《清
　　史稿》，鼎文書局版本。

楊文雄，《詩佛王維研究》，文史哲，民國七十七年
　　（1988）。

趙翼，《二十二史箚記》，三十六卷，（台灣）商務，民國
　　五十四年（1965）。

趙翼，《檐曝雜記》，光緒壽考堂刻本。

趙翼，《陔餘叢考》，商務印書館。

蔡冠洛，《清代七百名人傳》，民國二十五年（1936），文
　　海出版社。

鄧嗣禹，〈中國科舉制度起源考〉，《史學年報》，2 卷 1
　　期，民國 23 年 9 月。

鄧嗣禹，《中國考試制度史》，學生書局，1967 年。

劉海峰，《科舉考試的教育視角》，湖北教育出版社，1996
　　年。

劉海峰，〈科舉制的起源與進士科的起始〉，《歷史研究》，
　　2000 年 6 月。

劉海峰、李兵，《中國科舉史》，（上海）東方出版中心，
　　2004 年。

錢謙益，《絳雲樓書目》，粵雅堂叢書本。

錢謙益，《（錢）牧齋全集》，全八冊，上海古籍出版社，
　　2003 年。

戴名世，《南山集》，頁 19~49，〈南山先生年譜〉，文海
　　出版社。

韓文心，《一代高人王右丞》，莊嚴出版社，民國七十二
　　年（1983）。

賽金花口述，劉半農、商鴻逵記錄，《賽金花本事》，（香
　　港）上海印書館，1961 年。

顧炎武，《日知錄》，（上海）商務印書館，民國十八年
　　（1929）。